홀로서기 연습

《姑娘，你要学会自己长大》
作者： 柠檬心理

홀로서기 연습

레몬심리 지음 · 박영란 옮김

정민미디어

PROLOGUE

어린 시절 아무것도 몰랐을 때, 그저 빨리 자라고만 싶었다!
의욕으로 열정이 터졌을 때, 그저 한없이 미래를 동경했다!
화려한 꿈들을 품었을 때, 그 실현을 위해 무조건 내달렸다!

우리는 이것이 인생이라고 생각했다.

알고 보니, 인생은 미리 리허설할 수 있는 쇼가 아니었다. 조금씩 성장하면서 우리는 이 사실을 인정할 수밖에 없었다. 우리 생각대로 살아간다는 건 정말 힘든 일이었다. 우리 인생에는 여덟 가지의 큰 고통이 있다. 이를 불교에서는 흔히 팔고八苦라고 한다. 그것은 생고(生苦, 세상에 태어나는 고통), 노고(老苦, 늙어가는 고통), 병고(病苦, 병을 겪는 고통), 사고(死

苦, 죽어야 하는 고통), 애별리고(愛別離苦, 사랑하는 사람과 헤어져야 하는 고통), 원증회고(怨憎會苦, 미워하는 사람과 만나야 하는 고통), 구부득고(求不得苦, 구하여도 얻지 못하는 고통), 오성음고(五盛陰苦, 색色·수受·상想·행行·식識의 오음五陰 집착에 따른 고통)이다.

우리는 살면서 좌절과 상처를 끊임없이 경험한다. 그래서 자신을 보호하고자 마음을 꽁꽁 감싸고 미소와 강인함으로 위장하는 법을 배운다. 또한 다른 사람의 요구와 세상의 성공 방식에 따라 자신을 변화시키는 법을 배운다. 그러나 겉으로 성숙해 보이는 그런 행동 뒤에는 억울함과 무기력함이 바짝 웅크리고 있다.

다른 사람과 다름없어 보이는 평범한 삶이지만, 자신만 아는 고통이 담겨 있다. 선택을 눈앞에 두고 어떻게 해야 할지 모르는 세상이 두렵기만 하다. 남에게 인정받고 싶은 마음 때문에 왠지 모르게 항상 불안하기만 하다. 계획만 하고 실제로 움직이지 않으니, 아무것도 변하지 않는다. 무엇을 해야 할지, 아니 사는 것 자체가 무슨 의미인지 모른다. 통제할 수 없을 정도로 완벽을 추구하다가 결국 '완벽을 추구하는 자신'이 가장 완벽하지 않다는 사실을 깨닫는다.

우리의 고민들은 저마다 다르게 보일 것이다. 그런데 자세히 들여다보면 그 모든 불행은 '자신을 싫어하는 것'에서 비롯된다. '자신을 받아들이지 않는 것'은 우리의 가장 진실하고 본질적인 상태이며 많은 사람이 인정하지 못하는 사실이기도 하다.

상처를 드러내고 그것을 치유하기까지 큰 고통을 치러야 한다. 갑옷을 벗고 위장을 해제해야만 비로소 진정한 자신을 깨닫고 그 상처에서 온전히 벗어날 수 있다. '내면의 나'는 그다지 아름답지 않을 수 있다. 그 안에는 원초적 욕망이나 치명적인 나약함이 있을 수도 있고, 오랫동안 풀지 못한 응어리가 있을 수도 있다. 하지만 뭐 어떤가! 그게 바로 우리 자신인걸! 우리는 그런 자신을 존중하고 사랑하고 보호해야 한다.

이 책은 우리 자신의 문제 원인을 단계별로 분석하고 '내면의 나'와 대화하도록 유도할 것이다. 이를 통해 계속 우리를 정체시키고 힘들게 하는 문제가 무엇인지 명확하게 보여줌으로써 우리 자신을 더 잘 이해하도록 도와줄 것이다. 물론 이러한 어려움을 해소할 효과적인 방법도 제공해줄 것이다. 담담하게 자신을 대하며 부담감을 내려놓자. 그래야 비로소 더할 나위 없는 홀가분함과 자유로움을 느낄 수 있다.

지금이야말로 홀로서기를 할 때이다. 진정한 자신을 찾고 그런 자신을 위해 살아가자. 우리는 모두 이 세상에 유일무이한 사람이다!

C|O|N|T|E|N|T|S

PART 2

진짜 성숙한 삶은 나답게 사는 것이다

PART 3

나를 변화시키면 세상도 변한다

PART 4

마음을 지키고 가장 강한 내가 된다

PART 5

최선을 다하는 당신, 성공이 눈앞에 있다

PART 6

깨어서 알고 실천하는 사람이 되다

PART 1

나 자신을 온전히 알고 받아들인다

'당신은 다리에 서서 풍경을 바라보고, 풍경을 보는 사람은 누각에서 당신을 바라본다.'
우리가 다른 사람을 부러워할 때 정작 다른 사람은 우리를 부러워할 수 있다. 사람과 사람 사이에서 비교는 불가피하다. 우리는 항상 명심해야 한다. 자신에게 부족한 점도 있지만 좋은 점도 있다는 사실을! 다른 사람을 부러워하더라도 자신을 소홀히 해서는 안 된다.

나 자신 받아들이기

◆

한 심리학자가 사람들에게 장점 세 가지와 단점 열 가지를 써서 내도록 했다. 실험에 참여한 사람들은 순식간에 모두 적어냈다. 그 후 심리학자는 다시 그들에게 추가로 단점 세 가지와 장점 열 가지를 쓰도록 했다. 난처해진 그들은 앞서 보여준 것과 달리 오랫동안 고민하는 모습을 보였다. 결국 자신의 장점을 열 가지 모두 적어낸 사람은 많지 않았다.

당연히 자신의 장점을 더 잘 기억할 듯하지만, 사실은 그렇지 않다. 사람 대부분은 자신의 단점에 지나치게 관심을 쏟는다. 항상 스스로 부족할뿐더러 단점이 많다고 생각하기 때문에 정작 자신의 장점에는 관심이 없다.

누구에게나 단점은 있다. 우리는 자기 인지적 의식과 능력을 갖춰야 하지만, 그 말이 자신의 단점만 주시해야 한다는 의미는 아니다. 우리는 모두 유일하고 특별한 존재다. 그런데 왜 항상 다른 사람을 의식하고 부러워하는가! 우리가 다른 사람의 인생을 완벽히 복제할 수 없듯, 다른 사람도 우리 인생을 그렇게 복제할 수 없다. 그러니 상관할 게 뭐 있겠는가. 그저 자기 인생을 멋지게 살아내면 된다. 굳이 다른 사람과 비교하면서 나 자신을 버릴 이유가 없다.

'당신은 다리에 서서 풍경을 바라보고, 풍경을 보는 사람은 누각에서 당신을 바라본다.'

우리가 다른 사람을 부러워할 때 정작 다른 사람은 우리를 부러워할 수 있다. 사람과 사람 사이에서 비교는 불가피하다. 우리는 항상 명심해야 한다. 자신에게 부족한 점도 있지만 좋은 점도 있다는 사실을! 다른 사람을 부러워하더라도 자신을 소홀히 해서는 안 된다.

과연 어떻게 나 자신을 받아들여야 할까?

첫째, 다른 사람의 비판에도 이성적인 태도를 보인다.

완벽한 사람은 없다. 그렇기에 누구도 비판받는 일에서 자유로울 수 없다. 다른 사람의 비판을 지나치게 중시하면 긍정의 상황으로 나아가는 것이 아닌, 부정의 늪에 빠지기 십상이다. 사람들 앞에서 실수하거나 잘하지 못하면 어쩌나

하는 걱정에 악순환이 계속되는 것이다. 따라서 이성적인 태도와 개방적인 사고로 비판을 받아들일 줄 알아야 한다. 그렇게 할 때 사실을 바로잡으며 악의적 이야기를 흘려들을 수 있다.

둘째, 단점이 있으면 고친다.

솔직하게 자신의 장점을 열 가지 이상 나열한 후 단점도 몇 가지 나열해보자. 단점 중 바꿀 수 없는 것은 겸허히 받아들이고, 바꿀 수 있는 것은 바꾸자.

셋째, 자신의 성공점을 찾는다.

최근에 이룬 한 가지 혹은 몇 가지 성공 사례를 찾아서 성취감과 행복감을 만끽한다. 그때그때 자신이 해낸 다양한 방면의 발전과 성장, 성과를 이해하고 자기 능력을 인정한다. 다른 사람의 긍정적인 평가와 태도를 기록해두고 자신감을 높인다. 자신의 경험을 자세히 회상하여 다양한 측면의 뛰어난 성과를 찾아내고, 이전부터 자신이 가지고 있던 좋은 소질을 인정한다. 이렇게 하면 단점과 실패보다는 장점과 성과에 집중할 수 있다. 또한 건강한 자기감정을 공고히 세우며 자신을 좀 더 쉽게 받아들일 수 있다.

별자리 운세에 흥미를 갖는 이유

◆

다른 사람의 사랑을 늘 갈구한다. 하지만 다른 사람의 잘 드러나지 않는 허물을 억지로 들춰내 괜한 트집을 잡는다. 잠재된 능력이 무궁무진하지만, 아직 자신의 장점으로 승화하여 발휘하지 못하고 있다. 단호히 자기관리를 하는 등 엄격해 보이지만, 내면의 불안과 우려를 쉽게 떨쳐내지 못한다.

지금 '이거 정말 내 이야기야!'라고 생각하는 사람이 있을지도 모르겠다. 그렇다면 당신은 '바넘 효과Bertram Effect'의 늪에 빠졌음을 깨닫길 바란다.

사람들이 보편적으로 가지고 있는 성격이나 심리적 특징을 자신만의 특성으로 여기는 것을 '바넘 효과'라고 하는데, 설사 이런 설명이 무의미하다고 해도 자신이 그런 사람이 아님에도 여전히 자신의 실제 성격을 반영한다고 느낀다. 19

세기 때 심리학자 버트럼 포러Bertram Forer가 이와 관련된 성격 검사를 통해 바넘 효과를 처음으로 증명했기에 '포러 효과Forer Effect'라고도 한다. 위에서 언급한 이야기는 전형적인 바넘 효과에 사용되는 말로, 거의 모든 사람에게 적용된다.

일반적으로 별자리는 태어난 날짜에 따라 정해지는데, 각 별자리에 속하는 사람들의 성격이 한 가지 같은 유형으로 귀결된다. 이를 곧이곧대로 믿는 사람들도 있다. 이는 마치 당신이 누군가를 '인내심'과 '섬세함' 같은 보편적이고 일반적인 말로 평가했을 때, 상대가 당신의 말을 그대로 믿고 자신이 정말 그런 사람이라고 생각하는 것과 같다.

바넘 효과가 발생하는 원인은 세 가지다.

첫째, '주관적 검증'의 작용

주관적 검증이 영향을 미치는 주된 이유는 무엇보다 우리에게 믿고 싶은 마음이 있기 때문이다. 그래서 우리는 스스로 이런 사실을 믿기 위하여 이를 뒷받침할 다양한 증거를 수집하곤 한다.

둘째, '아첨하기'의 작용

사람 대부분은 자신을 더 긍정적이고 적극적으로 보이게 하는 말을 믿고 싶어 한다. 이는 아주 당연한 이치다.

셋째, 감정이나 성격 면에서 보이는 공통적인 성향

사람마다 보이는 이런 성향 때문에 내용 대부분이 누구에게나 쉽게 적용된다.

그렇다면 우리는 어떻게 바넘 효과를 피해서 객관적이고 진정한 '나'를 인식할 수 있을까?

첫째, 자신과 마주할 수 있어야 한다.

물에 빠져 의식을 잃은 채 구조된 한 여성이 있다. 정신을 차린 그녀는 몸에 실오라기 하나 걸치지 않은 자기 모습을 인지한다. 이런 상황에서 그녀가 처음으로 보인 반응은 무엇일까? 순간적으로 급히 중요 부위를 가렸을까? 아니다. 그녀는 소리를 지르면서 두 손으로 자신의 얼굴, 좀 더 구체적으로 자신의 두 눈을 가렸다.

사실 우리는 자신의 결함을 마주했을 때 무의식적으로 도피하는 경우가 많은데, 눈을 가리는 것도 도피의 한 방법이다. 그렇다. 자신을 좀 더 진실하게 객관적으로 보고 싶을 때

해야 할 일은 자신과 마주하는 것이다.

둘째, 큰 성공이나 실패를 통해 자신을 알아간다.

중요한 사건을 통해 얻은 경험과 교훈은 우리 자신의 성격과 능력을 이해할 정보를 제공해주고 그 안에서 자신의 장점과 약점을 발견할 수 있도록 도와준다. 성공이라는 정상에 서 있거나 실패라는 밑바닥에 엎어져 있을 때일수록 그 사람의 진면목이 오롯이 드러난다.

당신이 최선을 다해 어떤 일을 완성했을 때, 성공하든 실패하든 그동안 수행한 작업을 하나하나 분석해보는 것이 좋다. 초기 계획과 실행이 현실과 잘 맞아떨어졌다면 앞으로도 계속해서 유지하면 된다. 그러나 반대로 초기 계획이 너무 허황하여 만족스럽지 않은 결과로 이어졌다면 이후에 개선해야 한다. 우리는 실제 사건에서 자신의 진짜 성격 혹은 업무 특성을 이해하는 법을 배워야 한다.

당신은 '추진형' 인간인가?

◆

다른 사람이 자제력을 잃었을 때, 나는 충분한 통제력을 가지고 있다.

다른 사람이 망연자실하고 있을 때, 나는 확고한 결단력을 가지고 있다.

타고난 리더십을 갖고 있어서 무슨 일을 하든 쉽게 정상에 도달한다.

언제든지 자신의 입장을 고수하고 항상 자신감이 충만하다.

위 내용을 보고 '맞아, 맞아! 딱 나야!'라고 생각했다면 당신은 추진형 인간일 가능성이 크다. 이런 유형은 늘 에너지가 넘치고 이상적이며 목표지향적이다. 도전을 즐기고 절대 위축되지 않는다.

사람의 성격 유형과 관련하여 이런 말이 있다.

'활발한 사람은 말을 하고, 완벽한 사람은 생각하고, 추진력 있는 사람은 바로 행동한다.'

추진력이 있는 사람은 비교적 강한 실행력을 지니고 있으며, 어려워 보이는 정상도 용감하게 올라간다.

추진형의 사람이 많은 장점을 가진 건 사실이지만, 그렇다고 100% 완벽할 수는 없다. 그렇다면 이런 유형의 사람은 어떤 단점을 가지고 있을까?

첫째, 사회성이 떨어진다.

추진력이 강한 만큼 독재자 스타일이 많은데, 이는 태어나면서부터 타고난 성향이 아니라 그들의 행동이 너무 빨라서 아무도 따라잡을 수 없기 때문이다. 그렇게 생긴 거리감으로 말미암아 상호관계가 소원해진다.

또한 통제력과 실행력을 추구하기 때문에 단도직입적으로 말하고 다른 이의 생각을 교정하는 것을 좋아한다. 언제나 자신이 옳다고 생각한다. 자신의 주장을 관철하는 데 갈등도 마다하지 않다 보니 타인과의 거리가 점점 멀어진다.

둘째, 워커홀릭으로서 쉬는 시간에도 가만히 있지 못한다.

어려운 목표에 도전하는 것을 좋아하기에 그들의 뇌는 온종일 쉴 새 없이 빠른 속도로 돌아간다. 이는 건강에 악영향을 미칠뿐더러 오래 지속되면 일상생활의 긴장감이나 업무의 효율도 떨어진다.

추진형 인간이 자신의 장점을 열심히 발휘한다면 사회에서 훌륭한 인재가 될 수 있다. 하지만 통제하려는 것에 지나치게 집착한다면 모든 일에서 독선적이고 자의적인 사람이 될 수 있다. 이런 유형의 사람들에게 필요한 것은 두 가지다.

첫째, 긴장을 풀고 일에만 지나치게 매달리지 않는다.

목표를 추구하고 성공의 절정에 이르고자 하는 마음은 충분히 이해할 수 있다. 그러나 일과 휴식을 적절히 취하며 균형을 유지하는 것도 필요하다. 그러니 긴장을 푸는 일을 소홀히 하지 말아야 한다. 여기에 확장하여, 다른 사람을 이끌면서 같이 일할 때 가끔 그들의 관점에서 업무를 조정하며 혹여 자신의 진행 속도가 너무 빨라 따라오기 힘든 건 아닌지 생각해봐야 한다. 가능한 한 상대방의 업무 부담을 줄이고 그들의 자신감을 높여주려 노력해야 한다. 결국 자기 혼자만의 싸움이 아니다. 자기만 힘이 넘친다고 해서 성공할 수 있는 문제가 아닌 것이다.

마음의 여유를 갖고 업무 시간 외에는 동료, 친구 들과 가볍게 이야기를 나누거나 함께 게임을 즐기면서 심신의 긴장을 푸는 게 좋다. 이는 또한 그들과 교감하면서 관계를 발전시키는 시간이 된다.

둘째, 자신의 단점을 인정하고 개선한다.

추진력이 강한 사람의 가장 큰 단점은 자신이 항상 옳다고 믿는 것인데, 다른 사람의 잘못을 발견하면 바로 지적하고 자신이 절대적으로 옳다고 믿는 생각을 내세우려 한다. 사실 이것은 따르는 사람들에 대한 무시와 경멸이 반영된 결과다. 누구도 항상 옳을 수는 없으므로 자신을 돌아보며 끊임없이 성장하려 노력해야 한다. 다른 사람의 장점을 보고 배우며 자신의 단점을 찾아내서 개선할 줄 알아야 한다. 리더라면 종합적인 능력이 다른 사람보다 높을지 모르지만, 상대적으로 인내심은 부족할지도 모른다. 그렇다면 그 사실을 인정하고 개선해야 한다.

당신은 '말은 차가워도 마음은 부드러운 사람'인가?

◆

무엇이 그토록 못마땅한지 모르겠지만, 당신이 하는 일에 사사건건 지적하는 사람이 있다. 물론 그가 '악인'이 아님을 알고 있지만, 때때로 그의 말이 본의 아니게 비난으로 바뀔 때가 있다.

심리치료의 대가 버지니아 사티어Virginia Satir의 핵심 이론에는 다섯 가지의 의사소통 유형이 있는데, 앞서 언급한 사람은 비난형에 속한다.

비난형은 인간이 생존을 위해 발전시킨 일종의 자기보호 수단의 유형이라고 보면 된다. 누구나 한 번쯤 다시는 사랑받지 못할 듯한 위협을 느낀 적이 있을 것이다. 그래서 상대방의 비위를 맞추거나 상처받지 않기 위해 오히려 상대를 비난하는 등 다른 대처 방법을 사용하곤 한다. 그런데 이런 대처 방법을 계속 사용하다 보면 점점 자기만의 생존 태도로 굳어진다.

일상적인 의사소통에서 드러나는 비난형 생존 태도는 실제 혹은 가상에 존재하는 위협으로부터 자신을 보호하기 위해 다른 사람을 비난하고 부정하고 결점을 지적하는 언어적 반응이라고 할 수 있다.

비난형 생존 태도를 보이는 사람은 일반적으로 신체적 능력이 강하다. 이들은 상대방을 비난할 때 과장된 몸짓으로 설득력을 높이려고 한다. 하지만 경직된 근육은 이들의 강한 겉모습과 일치하지 않는 속마음을 은근히 드러낸다.

또 이런 유형의 사람은 종종 공격성이 짙은 비난을 일삼는데, "전부 네 탓이야" 하는 식으로 상대를 비난하거나 "대체 왜 이러는 거야?" 혹은 "지금까지 뭐 하나 제대로 한 적이 없어" 등으로 상대의 행동을 부정하기도 한다. 또한 "다른 데서 이유를 찾을 필요 없어, 네가 어리석어서 그래"라며 상대를 부정적으로 판단한다. 그리고 타인에게 명령하거나 의도적으로 통제하고 습관적으로 상대 의견을 반대하는 것도 비난형 태도를 가진 사람에게서 자주 볼 수 있는 모습이다.

이렇게 항상 타인을 비난하는 사람은 어딘지 위엄 있고 우월한, 그야말로 범접할 수 없을 듯해 보인다. 하지만 그들이

겉으로 내뱉는 말은 속마음과 일치하지 않을 수 있다. 상대방을 향해 "이건 다 네 잘못이야"라고 비난할 때, 그의 내면에는 '잘못할까 봐 너무 두려워. 내게 잘못이란 결코 있을 수 없는 일이야' 하는 마음이 자리하는 것이다. 또 상대방을 공격하거나 명령할 때 '나는 반드시 강해져야 해. 약한 모습을 보여선 안 돼. 그렇지 않으면 사람들이 날 존중하지 않을 거야'라고 생각하는 것이다.

비난형 생존 태도를 형성하는 데는 여러 이유가 있다.

첫째, 자존감이 낮은 사람들은 자신의 연약한 면을 제대로 직면하지 못하고 그것을 다른 사람에게 보여주기를 꺼린다. 이는 자신의 연약한 부분을 드러내는 것을 상처받고 버려지는 위험을 감수해야 한다는 의미로 받아들이기 때문이다. 따라서 그들은 다른 사람에 대한 비난과 명령을 통해 허황한 통제력을 얻고 거대한 독립적 이미지를 만들거나 의도적인 거리두기로 상대방에게서 '인정'과 '존중'을 얻기도 한다.

둘째, 이러한 비난형 소통 태도도 자신이 성장한 환경의 영향을 받는다. 그들의 머릿속에는 '나는 잘못하면 안 된다' 혹은 '사람들 앞에서는 강한 모습만 보여야 해'처럼 경직되고 비합리적인 여러 규칙이 형성되어 있다.

잘못이 발생하면 그들은 자기 잘못을 용납하지 않는데, 이때 그들이 생각할 수 있는 유일한 방법은 자신을 보호한다는 믿음이 흔들리지 않도록 자기 잘못을 다른 사람에게 전가하는 것이다.

이러한 잘못된 소통은 오히려 자신을 더욱 힘들게 만들 뿐이며, 자신이 느끼는 만족도 아주 일시적인 것에 그칠 뿐이다. 불안과 고통은 여전히 존재하며 딱딱한 껍질도 한순간에 허물어질 수 있다. 많은 드라마에 등장하는 '차가운 말투, 따뜻한 마음'을 가진 캐릭터처럼 다른 사람을 비난한 후 그들은 혼자 구석에서 숨길 수 없는 연약함과 무력함에 무너져 눈물을 흘리고 있을 것이다.

그렇다면 어떻게 해야 비난형 소통의 태도를 바꿀 수 있을까?

첫째, 자기 자각이다.

자신을 인식하고 이해하는 것이 변화의 첫걸음이다. 습관적으로 비난하거나 상처를 주는 말을 할 때, 자신의 언어적 태도와 신체적 태도의 불일치를 의식적으로 찾아냄으로써 내면의 진실한 감정이 무엇인지, 자신이 진짜 무엇을 원하는지 정확하게 알아낼 수 있다.

예컨대 누군가를 격렬히 비난할 때, 등이 뻣뻣해지고 근육이 긴장되는 게 느껴지거나 내면의 긴장과 불안이 감지된다면 나약한 자신을 발견할 수 있다.

둘째, 정직하게 반응한다.

자신의 진짜 감정과 진실을 솔직하게 마주해야 한다. 책임을 회피하려고 다른 사람을 비난할 때, 자신에게도 일부 책임이 있음을 솔직하게 인정하는 것이 좋다.

소통할 때 상대방에게 자신의 솔직한 감정을 보여주는 것은 어느 정도의 위험을 초래할 수 있지만, 그래야 진정한 마음을 얻을 수 있다.

셋째, 머릿속의 불합리한 신념을 바꾼다.

자신의 불합리한 규칙이나 신념을 찾아냈다면 그것들을 변화시키고 일부 극단적인 어휘를 바꿀 수 있다. 예컨대 '나는 항상 강해야 한다'에서 '나는 강해질 수 있다' 혹은 '나는 때로는 강할 수 있다'(가끔은 약할 수도 있다는 의미)로 바꿀 수 있다.

경직된 규칙이나 신념을 보이기보다는 진정한 자신을 인정하는 모습을 보여주는 것이 좋다. 진정한 자신에게는 연약한 면이 있을 수 있다. 하지만 상관없다. 연약하고 그다지

크지 않고 위엄이 드러나지 않아도 당신은 여전히 사랑받고 존중받는 존재이니까 말이다.

내성적인 당신, 어떻게 표출하면 좋을까?

◆

집에 놀러 온 손님 보기가 쑥스러워 인사를 살갑게 하지 않은 것뿐인데, 부모님은 "버릇없이 굴면 안 된다!"라며 잔소리를 한다. 그저 내키지 않아서 소극적으로 수업에 참여한 것뿐인데, 선생님은 비사교적인 학생으로 규정한다. 단지 동아리 활동이 싫어서 가입 안 한 것뿐인데, 주변 사람들은 차갑고 어울리기 힘든 애라고 생각한다.

그렇다. 외향적인 사람에 비해 내성적인 사람에 대한 세상의 시선은 사실 그리 곱지 않다.

'내성'과 '외향'은 스위스의 심리학자 칼 구스타브 융Carl Gustav Jung이 최초로 태도 유형에 따라 분류한 개념이다. 외향적인 사람은 모든 주의력과 에너지를 외부세계에 두고 그 세계를 인식하고 변화시키는 데 최선을 다한다. 반면, 내성적인 사람은 모든 주의력과 에너지를 내부세계에 두고 내면을 이해하고 변화시키는 데 중점을 둔다.

외향적인 사람은 특히 외부의 모든 피드백에 신경을 쓴다. 그들은 시시각각 다른 사람의 평가에 따라 그에 상응하는 에너지를 얻는다. 반면, 내성적인 사람은 늘 자기 내면의 파란만장한 세계를 탐색하는 데 신경 쓴다. 또한 다른 사람의 의견이나 평가를 중시하지 않기 때문에 어떤 일에도 크게 동요하지 않는 편이다. 그들은 충전 배터리처럼 자가 충전을 위해 오래도록 혼자 보낼 수 있다.

이제 왜 같은 파티장에 가서 너무도 다른 모습을 보이는지 이해될 것이다. 파티장에 가자마자 흥분제라도 맞은 듯 무대 위에서 신나게 노는 사람이 있는 반면, 발코니에 나가 홀로 조용히 도시의 화려한 불빛을 감상하는 것만으로도 마음이 편안해지는 사람도 있다.

내성적인 것은 단점이 아니라 다양한 성격 중 하나일 뿐이다. 그러니 더 이상 고민하거나 열등감을 느낄 필요는 없다.

산업사회로 들어선 이후, 갖가지 생산 활동을 완수해내려면 대대적인 협력이 필요했다. 원래 작은 규모로 진행되던 소작농 경영 방식은 더 이상 사회적 흐름을 따라가지 못했다. 이때 다른 사람과 교류하고 소통하는 것이 매우 유용한 기능으로 작용했는데, 이런 분위기 때문에 외향적인 사람이 사회적으로 우세한 자리를 선점할 계기가 되었다.

내성적인 사람들은 외향적인 사람이 더 행복할뿐더러 사회적으로 더 많은 인정을 받는 것처럼 보이기 때문에 스스로 외향적 변화를 꾀하지 않는 이상 그냥 현실에 안주하며 사는 게 낫다고 생각한다. 사실 많은 사람이 성공한 것 같고 사회적으로 완벽하게 보이지만, 내면에는 여전히 깊은 불안감을 숨기고 있다. 이는 사람들에게 보여주는 자신이 진정한 자신이 아니기 때문이다. 진정한 자아와 동떨어진 사람이 불안감을 느끼는 건 당연한 일이다.

내성적인 사람이라면 자신의 진정한 모습을 스스로 존중해주는 것이 좋다. 지나치게 다른 사람의 비위를 맞춰봤자 오히려 더 피곤해질 뿐이다. 알고 보면 내성적인 사람이라도 타인과 교제할 때 나름대로 장점이 있기 때문에 몇 가지 요령만 터득하면 어디서든 환영받을 수 있다.

간단한 예로, 모임 장소에 일찍 나가보는 것이다. 너무 늦게 가면 다른 사람들이 다 모인 후이기 때문에 화기애애하고 시끌벅적한 상황에서 그들 속으로 들어간다는 것 자체가 부담될 수 있다. 조금 일찍 모임 장소에 가서 주변 환경에 익숙해진 다음, 뒤이어 참석하는 사람들을 맞아준다면 무리에 어울리는 데 도움 될 것이다.

일반적으로 내성적인 사람이 깊이 있다고 말하는 이유는 평소 과묵한 편인 만큼 자기 자신을 돌아보고 통찰하는 시간을 자주 갖기 때문이다. 그들은 사회생활을 할 때 특정한 말이나 행동으로 사람들의 환심을 살 필요도, 의도적으로 다른 사람과 거리 둘 필요도 느끼지 못한다. 대화 중에 침묵하거나 영양가 없는 말을 해도 크게 상관하지 않는다. 그들은 항상 특유의 침착함으로 진중하고 안정된 태도를 보일뿐더러 경청을 잘하기 때문에 다른 사람의 호감을 사기가 훨씬 쉽다.

또 하나, 타임아웃을 외칠 줄도 알아야 한다. 어색한 분위기가 흐르면 잠깐 화장실을 간다거나 마실 것을 가지고 오겠다며 잠깐 자리를 뜨면 된다. 여기서 기억해야 할 점은 미소를 유지하고 상대방에게 머뭇거리는 인상을 남기지 않는 것이다.

마지막으로, 지레 '내성적인 사람'이라는 커다란 모자를 쓴 채 겁내며 벌벌 떨지 말자. 자기 성격의 속성을 깨닫고 일부러 바꾸려 애쓰지 않는다면 당신의 내면은 말할 수 없는 즐거움과 평온함으로 가득할 것이다.

나는 완벽한 아이가 아니야

◆

대만 작가 지미Jimmy의 《나는 완벽한 아이가 아니야我不是完美小孩》라는 그림책이 있다. 이 책은 '하오완메이'라는 소녀의 시각에서 바라본, 완벽을 추구하는 어른들의 세상을 이야기하고 있다.

'완벽해지려고 하지 마. 결코 그 누구도 완벽해질 수 없으니까.'

이는 이 책의 핵심 구절이다.

무슨 일을 하든 여러 번 생각하고 끊임없이 고민하는 사람들을 보게 되는데, 그들은 일이 예상한 결과에 미치지 못하면 극도의 실망감에 빠진다. 그들은 항상 자신에게 엄격한 잣대를 들이대며 하는 일마다 최선을 다해서 결과를 만들어낸다. 사실 많은 사람이 이런 집착과 성취를 부러워할 뿐, 그들 내면에 도사리고 있는 초조함을 보지 못한다.

완벽주의자는 문제의 존재 자체를 받아들이지 못하고 극도로 완벽을 추구하기 때문에 자기 자신을 받아들이지 못할 때가 많다. 그들은 자신의 단점에만 신경 쓸 뿐 정작 자신의 장점은 보지 않는다. 그들은 업무의 가치, 일의 성과로 자신의 가치를 증명하려고 한다. 일반적으로 지나치게 엄격한 가정에서 자란 사람에게서 완벽주의 성향이 두드러진다. 그들은 어릴 때부터 맡은 일을 잘해야 부모의 관심과 사랑을 받을 수 있다고 생각해왔다. 그렇기에 자신도 모르게 매사 완벽을 추구함으로써 자신의 가치를 증명해내야 한다는 신념이 형성되어 있다. 다시 말해 완벽주의자는 성공의 즐거움을 추구하는 것이 아니라 실패에 대한 두려움을 피하는 것이다. 완벽주의자는 항상 아예 있거나 아예 없는 관점을 가지고 있어서 모든 일에 대해 아예 좋거나 아예 나쁘다고 생각한다. 어디 하나라도 완벽하지 않으면 그들은 그 일에 대한 가치를 상실하고 실패했다고 생각한다.

완벽주의자는 스트레스를 많이 받고 늘 초조해한다. 그들은 자신에게 높은 잣대를 들이대지만 실제로 목표를 달성하는 경우는 매우 드물다는 것을 깨닫곤 한다. 또 그들은 세부적인 사항에 많은 에너지를 소모하는 경향이 있는데, 너무 과도하게 집중하다 보면 일의 우선순위를 구분할 수 없게 되어 진행 속도가 예상보다 더뎌지는 경우도 많다.

완벽하다는 말은 듣기에 기분 좋고 동경할 만하지만, 《나는 완벽한 아이가 아니야》에서 말한 것처럼 우리는 완벽해질 수 없을뿐더러 완벽하다고 해서 결코 행복한 것은 아닐 터이다.

우리는 완벽하지 않은 나 자신을 받아들여야 한다. 꼭 완벽한 사람만이 인정받는 것은 아니다. 심리학 연구 결과를 통해 볼 때, 대부분의 사람은 매사에 완벽을 추구하는 사람과 친구가 되는 것을 꺼린다. 그 이유는 그들이 주는 심리적 압박이 상당히 크기 때문이다. 오히려 사람들은 일을 잘해도 가끔 실수하는 이들과 어울리는 것을 더 선호하는데, 이런 사람들이 훨씬 인간적이고 진실하다고 생각하기 때문이다.

또한 우리는 인생의 불완전함도 받아들여야 한다. 완벽주의자는 문제가 발생하거나 실수할까 봐 두려워한다. 사실, 문제가 생겼다고 해서 그것이 실패로 직결되는 건 아니다. 아주 보편적이고 자연스러운 현상일 뿐이다. 인생의 가치는 예상하지 못한 상황에서 과감히 대처하고 그러면서 새로운 경험을 쌓아가며 자신을 풍요롭게 하는 것에 있다.

완벽주의자는 개인의 능력과 성취로 보면 더 큰 장점을 갖고 있지만, 인생의 연륜과 개인적 경험 측면에서 봤을 때 만족할 줄 알고 쉽게 만족을 느끼는 사람보다는 기쁨과 행복감을 덜 느낀다. 그러니 좀 더 노력하여 자신을 받아들이고 인생을 기쁘게 누려야 한다. 실수를 두려워하지 않고 문제를 자기 발전의 동력으로 여긴다면 좀 더 나은, 좀 더 훌륭한 사람이 될 수 있다.

방어적 비관론자가 되어라

♦

어느 날 낙관론자와 비관론자 그리고 방어적 비관론자가 한배를 타고 있었는데, 갑자기 해풍이 거세게 불어닥쳤다. 그때 세 사람은 완전히 다른 반응을 보였다. 낙관론자는 바람이 멎기를 바랐고, 비관론자는 세차게 부는 바람을 불평했다. 그리고 방어적 비관론자는 위험하지 않도록 돛을 조정했다. 여기서 볼 수 있듯, 방어적 비관론자는 언제든지 생길 수 있는 부정적 결과를 미리 고려하여 대비하는 사람이다.

그렇다면 우리는 왜 그런 사람이 되어야 할까?

첫째, 방어적 비관론자는 낙관론자에 비해 비관적 요소를 어느 정도 갖고 있기 때문에 일을 처리할 때도 실제와 맞지 않는 성공에 대한 환상을 갖지 않고 좀 더 이성적으로 신중하게 전반적인 상황을 고려함으로써 착오가 생길 확률을 크게 줄일 수 있다.

둘째, 적절한 비관주의는 예측한 상황이나 결과에 대비할 수 있도록 충분한 시간을 보장해준다. 그러면 문제가 생겼을 때 당황하거나 쩔쩔매지 않고 오히려 마음먹은 대로 진행할 수 있다.

셋째, 행위의 초점을 예측 가능한 부정적 결과에 맞출 때 우리의 뇌가 빠르게 작동되는 이유는 하나하나 대응하다 보면 계획이 더 완벽해지고 흠잡을 데 없어져 우리 자신의 인지와 능력을 향상할 수 있기 때문이다. 이것은 방어적 비관이 일의 발전과 능력 향상을 어떻게 촉진하고 추진하는지 보여주는 한 대목이라고 할 수 있다.

그러나 진정한 방어적 비관론자가 되기란 쉽지 않다. 이어서 몇 가지 살펴보자.

첫째, 사전에 발생할 수 있는 모든 상황을 고려해 각각의 해결책을 마련한다.

그러고 나서 다음에 이어지는 절차를 자신에게 정규화된 생각으로 삼고 비관적인 태도를 하나의 전략으로 삼는다.

어떤 일에 직면했을 때, 첫 번째 반응이 불평, 분노, 불안

같은 부정적인 감정이라면 침착하게 발생 가능한 부정적 결과를 예측하고 이미지 트레이닝을 통해 향후 계획을 잘 세울 수 있도록 한다. 그때 다른 사람과 상의하는 것도 좋은 방법이다. 이러한 조건반사가 없다면 이런 전략과 사고를 목표로 삼아 매일 방어적 비관주의 태도로 하루에 한 가지씩 21일 동안 계획을 세워 습관을 기르는 것도 고려해보자.

둘째, 자신의 방어적 비관주의 성향을 다른 사람에게 드러내 오해를 사거나 악영향을 미치지 않도록 한다.

가끔 방어적 비관주의 성향 때문에 다른 사람의 생활이나 일에 부정적인 영향을 미치는 경우가 있다. 당신이 그 성향을 주장으로 명확하게 하면, 다른 사람들은 당신이 일깨워준 것에 대해 감사하는 대신 당신의 '트집' 때문에 오히려 분노를 유발할 수도 있다. 그렇기에 부정적인 생각을 밀어붙이는 대신 조언하는 게 좋다. 조용한 장소를 찾아서 먼저 상대가 취한 방법을 인정하고 그 이유를 이해한 후, 당신의 생각을 이야기하면서 조언해주면 좋은 효과를 얻을 수 있다. 조언한 뒤에는 함께 대책을 마련하고 최종적인 결정권은 상대방에게 넘겨주어야 한다. 그리고 상대방의 결정에 지지를 표명하면 상대는 존중받고 있다는 느낌을 가질 것이다.

셋째, 비관적인 태도는 일이 끝나고 난 후가 아니라 시작하기 전에 취한다.

사전에 비관적인 태도를 취하면 이때의 비관은 심리전략으로 존재하기 때문에 일을 성공시키는 데 촉진 작용을 한다. 하지만 사후에 비관적인 태도를 취하면 부정적인 감정으로만 존재하기 때문에 오히려 스트레스와 실망, 절망으로 이어진다. 이 상황에서 발생한 실수만 보면 안 된다. 우선 인정할 부분을 찾아 우열을 따져 비관적 태도를 내려놓고 적당한 선에서 문제들을 해결해야 한다.

넷째, 비관의 정도를 잘 조절한다.

도를 넘는 비관적 태도는 오히려 극단의 상황으로 몰고 갈 수 있다. 그리되면 자연히 긍정적 요인을 잃을 것이고, 모든 일에 부정적인 반응을 보이면서 부정의 심리상태에 빠질 것이다. 이런 상황을 피하려면 지나치게 낙관적이지도, 지나치게 비관적이지도 않은 균형점을 찾아야 한다. 적당한 비관적 태도는 상황에 긍정적인 영향을 미칠 수 있다.

어렵지 않다. 누구나 할 수 있다! 방어적 비관주의자가 돼 보자. 어쩌면 지금보다 더 나은 자신을 발견할지도 모른다.

나는 나 자신을 싫어한다?

◆

거울에 비친 내 모습을 볼 때 어딘지 모르게 만족스럽지 않다! 아무 이유 없이 하는 일마다 자꾸 후회만 남는다! 나 자신을 부정하며 스스로 잘하는 게 없다고 생각한다! 이런 식의 흐름이 나도 모르게 빠지는 자기혐오의 수순이다.

자기혐오란 스스로 자신을 못마땅하게 여기고 미워하거나 증오하는 것을 말한다. 이런 상황은 오랫동안 지속된 자신에 대한 부정적 평가뿐만 아니라 자신을 향한 좀 더 심층적인 혐오감으로부터 나타난다. 이런 혐오감은 시간이 쌓이면서 형성되고 축적되어 '나는 결국 나 자신이 싫어하는 사람이 될 것이다'라는 말이 실현되는 듯 당신을 잠식한다.

자기혐오의 발생 원인에는 여러 가지가 있는데, 지금부터 자세히 알아보자.

첫째, 우리는 자신의 불완전함을 확대해석한다.

우리는 항상 무심결에 자신의 문제를 무한대로 확대해석한다. 이를 심리학 용어로 스포트라이트 효과Spotlight Effects라고 한다. 망신당하거나 체면을 구기면 많은 사람의 이목이 쏠린다고 생각하는데, 사실은 그렇지 않다. 가령 머리를 감지 않았거나 화장하지 않은 상태로 외출할 때, 사람들이 자기만 쳐다보며 비웃을까 봐 걱정한다. 하지만 그런 일은 일어나지 않는다. 우리에게 관심을 갖는 사람은 그리 많지 않다. 이러한 지나친 확대해석이 빚어낸 자기부정은 자기혐오를 불러일으킨다. 이 세상에 완벽한 사람이란 없다. 완벽함을 지나치게 추구하면 자기혐오를 초래할 수 있음을 명심하자.

둘째, 현실과 이상 사이에는 항상 괴리감이 존재한다.

인본주의 상담의 창시자 로저스Carl Ransom Rogers의 연구에는 현실적 자아와 그 반대 개념인 이상적 자아가 등장한다. 이상적 자아란 우리가 가장 갖고 싶어 하는 특성과 자신에 대한 비전을 말하며, 현실적 자아란 객관적 실제 상태를 말한다. 이상적 자아와 현실적 자아의 커다란 차이를 스스로 인식하면, 그때 우리는 죄책감 혹은 자기혐오감을 느끼게 된다.

셋째, 우리는 자기혐오로 기대감을 낮추고 자신의 약점을 포장한다.

자기혐오는 자신에 대한 기대감을 떨어뜨리고 그간의 좌절과 실패를 구실로 삼음으로써 자기 내면의 상처와 고통을 완화하기 위한 합리적 이유를 찾는다. 바로 이 점에서 자기혐오는 커다란 좌절이 주는 심리적 충격을 완화하는 데 아주 효과적이라고 할 수 있다. 예컨대 정리해고의 위기에 처하면 자기혐오자는 "이번 대상자는 내가 틀림없어"라고 자신에게 말할지 모른다. 이렇게 하면 실제로 해고를 당했을 때 느껴지는 고통이 덜하기 때문이다. 결과가 어떻든 미리 세워둔 가정보다 낫다. 미리 자기부정을 하면 나쁜 일이 벌어져도 심적으로 받는 충격이 덜할 수 있다.

요컨대 자기혐오의 근원은 완전히 이해할 수 있는 것이며, 우리 자신에 대한 장기적 관점이자 외부 충격으로부터 자신을 보호하기 위한 일종의 수단이 된다. 우리가 그것을 무시할 수는 없지만 그렇다고 걱정할 필요도 없다. 우리 삶은 계속되기 때문에 이런 자기혐오는 떼어내려야 떼어낼 수 없다. 오히려 천천히 그 원인을 밝혀내면서 독특한 심리 메커니즘을 이해해야 한다. 그래야 자기혐오적 감정을 완화할 올바른 방법을 찾을뿐더러 한 발짝 앞으로 나아갈 수 있다.

열등감을 느끼는 이유

◆

주위 사람들에 비해 자신이 쓸모없는 사람이라고 생각된다면 지금까지 항상 타인의 그늘 안에서 살고 있었던 건 아닌지 돌아보길 바란다. 타인의 그늘 안에서 살고 있다는 느낌이 바로 열등감이다.

그렇다면 열등감이란 대체 무엇일까? 열등감이란 자기를 남보다 못하거나 무가치한 인간으로 낮추어 평가하는 감정을 말한다. 열등감에 빠지면 자기 능력을 과소평가하고 실제로 잘할 수 있는데도 자꾸 안된다고 생각한다. 곰곰이 생각해보자. 당신의 학업 성적 혹은 업무 성과가 동기들보다 좋지 않아서 자기 능력이 다른 사람에 비해 형편없다고 생각한 적 있는가? 외모가 별로인 데다가 패션 감각 또한 남보다 떨어지기 때문에 이성 친구가 있으면 안 된다고 생각한

적 있는가? 가정 형편이 썩 좋지 않기에 스스로 흙수저라고 생각한 적 있는가? 낮은 자존감과 더불어 열등감이 있는 사람은 매우 연약해서 항상 불안하다. 낯선 사람 앞에서 부끄러움을 많이 타고, 무언가 어려움이 닥칠라치면 위축되고 자신에게 쉬이 실망한다.

우리는 왜 스스로 열등감을 느끼는 걸까?

두 가지 이유가 있는데, 하나는 자기 자신 때문이고 또 다른 하나는 외부환경 때문이다. 겉으로 어떻게 표현하든 간에 이 두 가지 원인으로부터 결코 자유로울 수 없다.

자기혐오의 오류에 빠진 사람들은 일단 자신이 전혀 마음에 들지 않는다. 무슨 일을 해도 남보다 못하다고 생각하기 때문에 정작 자신의 장점을 보지 못한다. 자신을 부정하면서 공격하고 다른 사람의 평가와 시선을 매우 중시한다. 다른 사람과 말을 할 때 눈을 똑바로 바라보지 못하고 '내가 제일 별로야', '모두가 나를 싫어해' 등 극단적인 생각을 한다. 사실 이것은 인지적 결여로, 상담사나 가족 그리고 친구들의 도움이 있을 때 비로소 자기만의 세상에서 벗어날 수 있다.

어린 시절의 상처 혹은 성장 과정에서 영향을 받은 사람들은 조금 더 복잡하다. 어렸을 때 가정 형편이 어려웠다면, 마음 깊숙한 곳에는 '나는 태어나면서부터 다른 사람보다 못하다'라는 빈곤의 감정이 박혀 있다. 학교 다닐 때 선생님이나 친구들로부터 따돌림을 당했다면, 고슴도치의 가시 같은 마음을 촘촘히 날 세운 채 모든 사람으로부터 자신을 격리한다.

어린 시절의 상처가 열등감을 만들어내는데, 이때 부모에게 충분한 지지를 받았다면 모욕을 당하고 괴롭힘을 당하는 등 그 어두운 그늘 속에서도 자존감을 회복할 수 있었을지 모른다.

그런데 부모의 지지를 받지 못했다면? 어떤 부모들은 개입하지 않으려 하거나 심지어 그들 자신이 자녀의 열등감을 일으키는 주범이 되기도 한다. 그 결과, 상황이 어려워질수록 의지할 곳 없는 불쌍한 '나'는 가장 커다란 버팀목은 물론 안정감 또한 잃고 만다. 당연히 자신을 '사랑받고 칭찬받고 존중받을 자격이 없는 사람'이라고 여기고, 점점 자신을 미워하고 혐오한다.

한편, 어떤 부모들은 상황이 어떻든 '지지'를 보내긴 하지만 정확한 포인트를 파악하지 못한다. 이들은 자녀가 친구들에게 따돌림을 당하면 "차라리 잘됐어, 그런 애들이랑 놀지 마!" 하는 식의 반응을 보인다. 문제의 원인을 분석하려 하지 않고 아주 얇은 보호막만 세워둔다. 자녀가 성장하여 사회에 나가 현실을 마주했을 때, 이 보호막은 아무런 도움이 되지 못한다. 자녀는 어린 시절 그 시간에 묶여 갈등이나 충돌을 제대로 해결하지 못하고, 심지어 '중2병'에 걸린 아이처럼 온 세상이 자신을 대적한다고 느낄 것이다.

그렇다면 열등감이 생겼을 때 과연 어떻게 자신을 제어해야 할까? 자신감 넘치는 사람들을 한번 떠올려보자. 그들은 약점이 없는 것처럼 보인다. 하지만 그들에게도 약점은 있다. 다만 그들은 다른 영역의 성장을 통해 자기 약점을 극복하고 보완했을 뿐이다. 심리학에서는 이를 '보상심리'라고 한다. 이것이 바로 제어법의 핵심이다.

이제부터 자신을 의심하거나 비하하지 말자. 용감하게 앞으로 나아가며 자신을 제어해보자. 그러면 반드시 열등감의 그늘에서 벗어날 수 있다.

PART 2

진짜 성숙한 삶은 나답게 사는 것이다

자신을 너무 이상적인 사람과 비현실적인 비교를 하기보다는 현재 자신이 있는 위치를 정확히 파악하여 자신과 비슷한 사람, 같은 선상에 있는 사람과 비교해야 한다. 같은 선상에 있는 사람들은 서로 감정을 보완하고 동기를 유발해준다. 따라서 괜한 질투심이나 과도한 열등감에 빠지지 않을 수 있다.

성숙한 사람은 타인의 인생을 부러워하지 않는다

◆

많은 사람이 '일찍 자고 일찍 일어나기', '매일 뉴스 보기' 등 엄격한 목표를 설정해야 성숙에 이를 수 있다고 생각한다. 이렇게 습관으로 나타나는 것 외에도 심리적으로 작용하는 중요한 요소가 있는데, 그건 다른 사람의 인생을 부러워하지 않는 것이다. 물론 다른 사람의 인생을 부러워하는 것이 더 나은 삶을 추구한다는 의미이므로 나쁠 게 없다고 생각하는 이도 있다. 다른 사람의 인생을 부러워하지 않는 것이 더 나은 삶과 더 높은 자기 수양을 추구하는 열정을 잃어버렸다는 걸 의미하지 않는다. 다른 사람이 가진 아름다움을 존중하되 불필요한 부러움으로 말미암아 자신의 인생 리듬이 흐트러지지 않도록 하는 것, 그게 중요하다.

많은 이가 익숙하지 않거나 잘하지 못하는 분야에서 자신감이 없어지면 다른 사람을 부러워하게 마련이다. '만년 꼴찌'가 '공부의 신'의 두뇌를 부러워하고, 키 작은 단신이 180센티미터 이상의 장신을 부러워하는 게 그 일례다.

부러움은 인간의 본능이다. 하지만 달이 차면 기울고, 물이 차면 넘치는 법. 비록 우리가 이런 부러움을 없앨 수는 없지만, 어떻게든 그 감정을 제어할 방법을 찾아야 한다. 이에 관하여 생각해보자.

먼저, '존경'하는 마음을 갖는다. 그럴 때 상대와의 관계가 더 편안해진다. 상대를 계속 부러워만 하다 보면 상호 동등했던 지위의 균형이 깨질뿐더러 열등감도 생겨난다. 그 열등감이 부정적인 방향으로 흘러가면 아주 무시무시한 질투로 변한다. 그러므로 부러움의 조짐이 보이면 경계심으로 자신을 일깨우고 지금 부러워하는 것이 무엇인지 그 실체를 명확히 인지해야 한다. 그것이 상대의 재능 혹은 처세술이라면 누구도 그 탁월함을 쉽게 얻을 수 있는 것이 아니기 때문에 마음속 깊은 곳에서부터 상대방을 인정하고 존경해야 한다. 존경하는 마음으로 상대를 대한다면 평등한 관계는 물론 비굴하지도 거만하지도 않은 우아한 태도를 유지할 수 있다.

그다음, 좋은 사람은 본보기로 삼고 강한 사람은 강하게 대한다. 상대방을 존경하는 것 외에 상대의 좋은 점을 배우는 것도 더 나은 나를 만드는 좋은 방법이다. 배움의 기본자세는 고개를 숙이고 허리를 굽히는 것이지만, 그렇다고 비굴하게 상대방의 비위를 맞추는 것은 아니다. 겸손한 자세를 취하면 체면을 잃지 않을뿐더러 다른 사람에게도 좋은 인상을 줄 수 있다. 배울 만한 게 있다면 부끄러움을 느낄 필요가 없다. 혹시라도 마음이 불편하다면 "지금은 네가 부럽지만, 네가 가진 장점을 배우고 나면 그땐 네가 날 부러워하게 될 거야"라고 자신에게 말해보자. 크게 품위를 손상하지 않을 정도의 심리적 암시는 종종 학습 효과를 높여주는 데 기여한다.

마지막으로, 온전히 자신을 받아들일 수 없는 사람은 아무리 노력해도 성과는 미미할 뿐이다. 부러움은 거울처럼 자신의 단점을 여실히 보여준다. 그렇기에 거울 속 바보 같은 자기 모습에 부끄러움을 느끼게 만든다. 그런데 그 모습을 똑바로 바라보자면 놀랍게도 자신이 사랑스러운 존재임을 깨닫게 된다. 이것은 소극적이고 현실에 안주한다는 의미가 아니다. 이는 성공을 이루기 전 다른 사람들로 말미암아 자신을 미워해서 자기 삶에 부정적인 감정을 끼얹는 게 아니라 매일 자신과 평화롭게 지낸다는 의미다.

우리가 그토록 쉽게 암시를 받는 이유

◆

〈마이과이賣拐〉라는 콩트가 있다. 중국 코미디계의 황제 자오번산趙本山이 사기꾼을 연기했는데, 그는 판웨이範偉에게 거듭해서 다리가 길어졌다가 다시 짧아졌다고 말했다. 그러자 어느 순간부터 판웨이는 자기 다리에 문제가 있다고 생각했다. 결국 그는 자오번산에게 지팡이를 샀다. 결과적으로 그는 자오번산에게 속아 넘어간 것이다. 판웨이는 어쩌다가 이런 터무니없는 속임수에 넘어간 것일까? 이런 상황을 심리학적으로 어떻게 해석할 수 있을까? 이제 그 원인인 '암시 효과'에 대해 이야기해보자.

'암시 효과'란 저항이나 대립 없이 함축적이고 간접적인 방식으로 사람들의 심리에 영향을 미치는 것을 말한다. 대개 이러한 영향은 사람들을 특정한 방식으로 행동하게 하거나 특정한 태도, 의견, 신념을 받아들이게 한다. 이를테면 먼저 상대의 방어적 태도를 해제시킨 다음 여러 간접적인 방법으로 특정한 심리 변화를 일으켜 결국 자신이 원하는 대로 행동하거나 생각하게 만드는 것이다.

암시는 언어, 행동, 표정, 신호 등 여러 방법으로 이루어진다. 상점 쇼윈도에는 늘 유행하는 옷들이 걸려 있는데, '여기 있는 옷들이 너무 예쁘네요. 어서 와 사 가세요'라는 일종의 신호적 암시라고 할 수 있다. 그리고 상점에서 그 옷을 사고 있는 사람을 목격했다면 그때 우리는 '이 옷은 참 예뻐서 사람들에게 인기가 많아요'라는 행동적 암시를 받을 수 있다. 또 그 옷을 이미 구매한 사람은 그게 얼마나 좋고 마음에 드는지 칭찬을 아끼지 않을 텐데, 이것이 언어적 암시다. 이러한 신호, 언어, 행동은 우리에게 직접적인 '호객'을 하진 않지만, 암시를 통해 '이 옷이 참 좋다'는 메시지를 전달하여 옷을 구매하게 하는 목적을 달성한다.

그렇다면 우리는 왜 자기도 모르게 모든 암시를 받아들이는 것일까?

인간의 판단과 의사결정은 인격 안에 있는 '자아'라는 존재가 개인의 필요와 환경적 제약을 고려하여 이루어지기 때문이다. 우리는 이러한 결정과 판단을 '주견主見' 혹은 '주관'

이라고 한다. 또한 비교적 건강한 '자아'를 가진 사람을 '주관이 있다' 혹은 '자기중심이 있다'라고 한다.

물론 세상에는 전능하고 완벽한 '자아'란 없다. 따라서 자아가 언제나 옳은 것은 아니며, 누구도 항상 뚜렷한 주관을 가질 수 없다. 이런 불완전함은 외부 영향에 여지를 남겨둘 뿐더러 쉽게 암시를 당하는 기회를 제공한다.

그러나 외부 영향의 여지가 있다고 해서 우리가 꼭 암시를 받는다는 의미는 아니다. 다른 사람에게 성공적으로 암시하기 위해 반드시 충족해야 하는 조건이 하나 있다. 바로 외부의 암시자로부터 받는 열등감, 즉 자신이 암시자보다 못하다고 느끼거나 암시자가 자신보다 잘났다고 생각하는 것이다. 한마디로 자신은 반드시 조언을 구해야 하는 입장이라 생각하고, 암시자의 판단과 결정을 받아들여야 한다고 생각한다. 사실 이러한 암시 작용은 본질적으로 자신보다 낫다고 생각하는 사람의 지혜로 대체하거나 아예 자신의 사고와 판단을 고려하지 않는 데서 발생한다.

물론 이러한 열등감이나 자기 비하, 타인의 능력에 대한 과대평가는 암시받는 사람이 거의 인식하지 못한다. 이런 심리적 과정은 무의식중에 나타난다. 그래서 암시 작용은 자기도 모르게 일어나는 경우가 대부분이다. 사람들은 자기도 모르게 자신이 좋아하고 숭배하고 신뢰하는 사람의 암시와 영향을 받아들인다.

암시가 우리에게 부정적인 영향을 미칠 때도 있지만 긍정적인 영향을 미칠 때도 있다. 세계 신기록에 근접한 선수에게 코치가 계속 "너는 할 수 있어! 넌 꼭 우승할 거야!" 하는 암시로 잠재력을 자극해 결국 우승으로 이끈 일화가 그 좋은 예다.

우리의 안정감은 어디에서 오는가?

◆

우리는 '안정감을 느끼지 못한다'는 말을 자주 듣는다. 그래서인지 요즘 인터넷상에서 자신의 안정감을 측정하는 문항 테스트를 어렵지 않게 해볼 수 있다. 어둠이 두려운지, 외출할 때 자꾸 문을 잠갔는지 확인하는지, 혼자 있는 것을 더 선호하는지 등등 모두 안정감 테스트에 등장하는 질문들이다. 여기서 잠깐, 안정감이란 안정된 삶과 안전함을 갈망하는 심리적 욕구를 말한다.

언제나 하고 싶은 대로 자유롭게 살아가는 사람들은 타인의 부러움을 살 정도로 적극적이고 낙관적이다. 그들은 한 번도 경험해본 적 없는 미지의 세계에 강한 호기심을 갖는다. 친화력 또한 좋아서 그들은 때와 장소, 상대에 상관없이 자신을 매우 편안히 여유롭게 표현한다. 이럴 수 있는 까닭은 그들이 심리적으로 충분히 안정감을 느끼고 있기 때문이다.

반면, 그렇지 못한 사람들은 일이나 관계에 대한 불안감이 닥치면 초조감을 드러내며 행동하고 표현하는 데 조심조심 주저하게 된다.

결국, 안정감의 유무에 따라 우리의 몸과 마음은 편안한 상태 혹은 위축된 상태가 된다.

'애착 이론Attachment Theory'은 사람들의 심리적 구조가 안정감에 기반을 두고 있는지에 따라 정서적 유대의 안정감과 건강한 발달이 결정된다고 말한다. 영유아 때 안정감의 기반을 대부분 부모나 양육자에게 두는데, 부모 혹은 양육자가 아이를 잘 돌보면 외적 안정감의 기반이 내재화되면서 아이의 마음속에 자리 잡는다. 아이들은 그렇게 자라면서 내적, 정서적 안정감을 느낀다. 반면, 극도로 가난하거나 갈등이 많은 가정에서 아이가 성장했다면 내적 안정감은 견고하게 다져지지 못한다. 그 결과 자신이나 주변 사람, 어떤 사건에 대해 많은 혼란과 의심에 휩싸인다.

영유아 시기의 부모와 가정환경이 우리의 안정감에 큰 영향을 미쳤다면, 우리가 자란 이후에는 어떨까? 지금의 우리는 어떻게 안정감을 가져와야 할까?

첫째, 자신과의 관계 다지기

안정감이 없는 사람은 근본적으로 자기 자신을 믿지 않는다. 자신이 다른 사람들의 존중과 관심을 받을 자격과 능력이 없다고 믿는다. 자기 의심은 참으로 고통스럽다. 자기를 의심하는 사람들은 아무 이유 없이 적대심을 품은 채 타인을 믿지 않고 자신을 구속하거나 무조건 퍼주는 식으로 상대방을 붙잡아둔다. 자신과 좋은 관계를 유지한다는 건 자신에게 솔직해지는 것이다. 종종 "나는 당신이 나를 사랑하기를 바라지만 당신이 영원히 날 사랑할 것이라고는 믿지 않는다"라고 말하는 사람이 있는데, 상대가 무엇을 해야 하는지 또 자신이 무엇을 해야 하는지 명확하게 표현해야 한다. 그리고 바로 행동으로 옮겨야 한다. 무슨 일이든 행동하는 게 가만히 앉아서 불안해하는 것보다 훨씬 낫다.

둘째, 다른 사람과의 관계 다지기

우리는 항상 우리의 세계관이 주변 사람들의 영향을 받는 경우가 많기에 누구와 함께 있는지가 매우 중요하다. 주변에 긍정적이고 관용적인 사람이 많다면, 삶이나 사물을 대하는 우리의 태도는 좀 더 긍정적으로 변할 것이다. 반대로 주변에 부정적이고 무관심한 사람이 많다면, 타인에 대한 믿음이 떨어져 누군가를 쉽게 믿지 못할 것이다. 그렇기에 안정감과 관련하여 스스로 더 많은 적극성을 가져야 한다. 우리는 자기 인지를 향상함으로써 자신을 더욱 긍정적으로 바꿀 뿐 아니라, 자신의 교제 대상을 주도적으로 선택하여 자기 발전에 더 유리한 인간관계를 형성해야 한다.

스스로 안정감이 없다고 느낄 때 괜히 다른 사람이나 운명을 탓할 필요는 없다. 그저 자신을 돌아보면 된다. 우리가 성장한 이후의 안정감은 자기 능력으로 이루어내야 하기 때문이다.

언제부터 나답게 살았을까?

♦

'언제부터 나답게 살기 시작했을까?'

자신의 자아가 살아나기 시작한 그 순간부터 누구나 나답게 산다.

어둡고 우울한 삶은 우리를 부정적으로 만들어 미지의 두려움을 갖게 하는데, 이것은 우리가 자신을 받아들이지 못하고 자신의 아름다운 인생을 즐기지 않는 순간과 매우 닮았다.

자신을 잃어버리고 자신답게 살지 않는 세월에 빠졌을 때 산송장처럼 우리의 모든 삶은 우울해지고 무기력해진다. 하지만 그 안에서 빠져나온다면 좀 더 긍정적이고 희망적인 삶을 살 수 있다.

어쩌면 지금의 당신은 과거에 당신을 변화시킨 일들을 정확히 기억하지 못할 수 있다. 하지만 그것은 분명히 존재했고 당신의 인생을 변화시킨 매우 중요한 사건이 아닐 수 없다. 분명, 자신의 단점을 태연하게 바라보고 장점을 직시한다면 자신감이 생기고 그때부터 가장 나답게 살아갈 수 있다.

자신감이라는 마법에 관한 이야기 하나가 있다.

아주 평범한 외모를 가진 소녀는 스스로 못생겼다는 열등감에 사로잡혀 매일 고개를 숙이고 다녔다. 어느 날, 그녀는 새로 산 리본을 달고 나왔는데, 그 모습을 본 한 사람이 그녀에게 말했다.

"고개를 들고 다니니까 너무 예쁘잖아."

그때부터 그녀는 의식적으로 고개를 들고 다녔다. 생각했던 것보다 많은 사람의 칭찬이 이어졌다. 열등감에 사로잡혔던 그녀는 당연히 리본 덕분이라고 생각했다. 그런데 그녀는 어느 순간 리본이 머리에서 떨어졌다는 사실을 알지 몰랐다. 사람들의 칭찬은 그녀 머리에 있던 리본이 아닌, 자신감이 넘치는 그녀를 향한 것이었다.

열등감을 느끼는 이유는 무엇일까? 자신의 부족함을 받아들이지 못하기 때문이다. '부정적 자아'에 대해 받아들이지 못하는 것은 열등감의 주요 원인이 된다. 자신의 단점과 부족함을 지나치게 의식하고 자신의 장점을 볼 줄 모르면 쉽게 열등감을 느끼거나 나약한 심리상태에 빠질 수 있다. 우리 대부분이 완벽하지 않은 자기 모습을 원망하면서 마지못해 부정적인 상태로 인생을 살아가는 게 현실이다. 이대로 간다면 악순환이 반복되면서 삶의 부정적인 에너지가 끊이지 않을 것이다.

그렇다면 과연 어떻게 해야 자신감을 얻을 수 있을까?

첫째, 자신을 받아들인다.

앞서 말한 '부정적 자아'를 받아들이는 것이다. 열등감의 근원은 자신을 받아들이지 못하는 것에 있다. 많은 이가 그토록 수치스러워하며 자꾸 신경 쓰는 이유는 자신의 부족한 그 무엇 때문이다. 그렇다. 열등감을 느끼는 이유는 전적으로 자신의 단점을 너무 의식하기 때문이다. 그때그때 해야 할 일을 태연하게 할 수 있다면 누가 단점에 그리 주목하겠는가? 자신을 받아들이는 법을 배워야 한다. 삶의 모든 부분에 얽매이지 않고 대범하게 사는 법을 배워야 한다. 이것이야말로 성실하게 자신을 가꿔나가는 것이다.

둘째, 자신의 장점을 발견한다.

거듭 말한다. 열등감의 근원은 '부정적 자아'를 받아들이지 못하는 데 있다. 이 말은 자신의 단점에 지나치게 연연한다는 의미다. 열등감에 사로잡히면 자신의 단점만 볼 뿐 정작 자신의 장점과 역량은 놓치기 십상이다. 당연히 집중해야 하는 것은 단점이 아닌 장점이다.

셋째, 자신의 장점을 살린다.

자신의 장점을 살리는 일은 쉬운 일이 아닐뿐더러 다른 이가 도와줄 수 있는 영역 또한 아니다. 그렇기에 스스로 마음을 다잡고 자신에게 어떤 장단점이 있는지, 단점을 장점으로 개선할 수 있는지, 사람들이 자신의 어떤 장점을 칭찬하는지 등을 진지하게 들여다볼 필요가 있다. 그렇게 적극적으로 살리는 장점은 더 나은 삶을 위한 원동력이 될 것이다.

열등감에 빠져 우울한 나날을 보내는 삶의 패턴을 끊어버리자. 이제 '부정적 자아'를 받아들이자. 자신을 사랑하지 않고 받아들이지 않는 사람은 당연히 행복한 삶을 살 수 없다. 완벽하지 않은 자신을 받아들이고 그 안에서 또한 자신의 장점을 발견한다면 비로소 우리는 자신감 있게 당당히 살아갈 수 있다.

열등감을 내려놓고 빛나는 내가 되는 법

◆

열등감에 사로잡힌 사람들은 각각의 독립적 개체인 만큼 저마다 다른 방식으로 열등감을 드러낸다. 사람들이 보이는 열등감 표현 방식은 크게 두 가지다.

첫 번째 표현 방식은 말이나 행동을 통해 내면의 수치, 불안, 근심을 직접적으로 드러내는 것이다. 예컨대 회사 팀장이 당신에게 중요한 프로젝트 하나를 맡기려고 한다. 물론 당신도 이것이 아주 좋은 기회임을 잘 알고 있다. 하지만 마음속 '나는 자신 없어! 내가 했다간 망치고 말 거야. 그러면 사람들이 다 비웃겠지' 하는 목소리 때문에 슬금슬금 프로젝트를 거절할 이유를 찾는다.

두 번째 표현 방식은 열등감을 오만함으로 위장하고 억지로 자연스러운 척하며 '저 사람은 정말 나약하다니까!'보다는 '저 사람 봐! 정말 대단하다!'라는 느낌을 주려고 애쓴다.

사실 열등감은, 다른 사람은 이상적으로 여기면서 정작 자신은 비하하는 과정이다. 지나친 비교는 자신을 부인하고 무기력하게 만들어 저항할 수 없는 지경으로 내몬다.

열등감에 대한 우리의 행동은 크게 두 가지로 갈린다. 하나는 전진 동력으로 삼아 자신을 증명하려 노력하는 것이고, 다른 하나는 타인과의 교제를 기피하고 이상적 기준을 회피하는 것이다. 전자는 성과를 통한 자기 가치와 존재감 부각의 긍정적 효과를 일으키는 반면, 후자는 자기중심적인 방향으로 흘러갈뿐더러 고립되기 때문에 부정적 효과를 일으킨다.

그렇다면 우리는 어떻게 열등감을 버리고 자기부정이 가득한 이 세상을 헤쳐 나아가야 할까?

첫째, 열등감에 대한 정확한 인식과 심리적 스트레스를 줄일 줄 알아야 한다.

지난날을 돌이키며 열등감을 느끼는 이유가 자신의 성격 혹은 가정환경 때문인지, 아니면 다른 그 무엇 때문인지 정확하게 알아야 한다. 또한 열등감이 어떻게 표출되는지도 관찰해야 한다.

열등감이라는 실체를 정확히 인식할 때 심리적 스트레스도 날릴 수 있다. 완전무결한 인간이란 없다. 나에게 없는 능력이 다른 사람에겐 있을 수 있다. 이런 당연한 일로 열등감에 사로잡힐 이유가 없다. 다른 사람에게 없는 또 다른 능력이 나에겐 있으니까 말이다!

둘째, '비교'의 비교 가능성을 판단하고 진짜 비교를 배운다.

이제 막 사회로 나온 직장인 새내기와 회사를 일군 최고경영자가 커리어 측면에서 비교 대상이 될까? 그렇지 않을 것이다. 아니, 비교하겠다는 것 자체가 말이 안 된다.

자신을 너무 이상적인 사람과 비현실적인 비교를 하는 것은 자신에게 해가 될 뿐이다. 현재 자신이 있는 위치를 정확히 파악하여 자신과 비슷한 사람, 같은 선상에 있는 사람과 비교해야 한다. 같은 선상에 있는 사람들은 서로 감정을 보완하고 동기를 유발해준다. 따라서 괜한 질투심이나 과도한 열등감에 빠지지 않을 수 있다.

셋째, 자신의 장점을 발견하고 목표를 다시 설정하는 데 집중한다.

누군가와 비교할 때 그 사람의 장점을 기준으로 삼는 경우가 종종 있다. 하지만 단기간에 그 사람을 넘어서기는커녕 그의 수준에 이르기도 쉽지 않다. 그렇기에 자신만의 장점을 찾고 목표를 재설정하는 것이 자기 발전을 도모하는 데 더 효과적이다.

다이어트를 예로 들어보자. 활동적인 친구가 운동으로 다이어트를 해내고 있다. 이에 미식가인 당신도 덩달아 운동을 시작한다. 하지만 일시적 자극 때문에 한 결심은 그리 오래가지 않는다. 며칠 동안 힘들게 운동한 당신과 지금까지 꾸준히 해온 친구의 다이어트 효과는 다를 수밖에 없다. 이 사실을 알지만, 어느 순간 열등감이 팍팍 밀려든다. 이런 경우 방법을 달리해볼 필요가 있다. 당신은 미식가로서 음식 만들기를 좋아한다. 그렇다면 차라리 자신만을 위한 다이어트 식단을 짜서 장기적인 다이어트 계획을 세우고, 다이어트에 적합한 음식 만드는 일에 열정을 쏟는 것이 훨씬 좋다.

물론, 이런 방법 외에도 친구와 가족의 도움을 받는 것도 열등감을 해소하는 길 중 하나다. 우리는 저마다 다른 존재이며 서로 다른 가치를 가지고 있다. 따라서 자신이 진정으로 표현하고 싶은 것을 자신만의 색깔로 충분히 보여주는 일, 그게 중요하다. 그렇게 할 때 가장 아름다운 자신으로 빛날 것이며 밝은 미래 또한 보장될 것이다.

무식하면 용감한 이유

◆

세상 물정을 모르면서 함부로 덤빌 때 흔히 '무식하면 용감하다', '하룻강아지 범 무서운 줄 모른다' 등의 말을 한다. 두려울 게 없는 이유가 무지하기 때문임을 비꼬는 말이다. 사실 이런 상태에는 자기 능력을 과대평가하거나 다른 사람의 수준을 과소평가하는 심리, 한마디로 '자기과신'이 담겨 있다.

많은 사람이 타인의 성과를 보면서 내심 '저 정도쯤이야, 내가 했으면 훨씬 더 좋은 성과를 냈을 거야'라고 생각한다. 그러나 막상 해보면 그 상대의 역량을 과소평가했고, 그가 전문 지식을 토대로 차근차근 기반을 다져온 사실을 간과했음을 깨닫는다. 결코 초보자의 수준이 아니었던 것이다.

심리학에서는 이런 '자기 과대평가'와 '자기과신'적인 상태를 '더닝 크루거 효과Dunning-Kruger Effect'라고 말한다. 더닝 크루거 효과란 능력 없는 사람이 잘못된 결정을 내리지만, 무능하기에 자신의 실수를 알아차리리 못하는 현상을 일컫는다. 즉, 어떤 분야에 대한 지식이 얕을수록 많이 알고 있는 것처럼 느끼는 인지 편향적 현상이다. 능력 없는 사람은 자신이 만들어낸 허구의 장점에 몰두한 나머지 항상 자기 능력을 과대평가하지만, 다른 사람의 능력을 객관적으로 평가하지 못한다.

능력 없는 사람은, 자신이 이룬 모든 성과는 자기 노력에서 비롯된 것이고, 실패는 다른 사람에 의해 일어난 것이라고 생각한다. 이런 생각은 더닝 크루거 효과를 완화하는 데 전혀 도움 되지 않을뿐더러 오히려 '자기 과대평가'와 '자기과신'을 악화시킬 뿐이다.

반면, 성과를 거둔 사람은 매우 겸손하며 애써 자신을 꾸미지 않는다. '이렇게 넓은 세상에서 내가 아는 건 빙산의 일각일 뿐이다. 그러니 굳이 모르는 세상 앞에서 언급할 필요는 없다'고 생각한다.

사실 더닝 크루거 효과는 정보의 비대칭에서 기인했다고 볼 수 있다. 이런 식이다. 능력 없는 사람이 자신의 부족함을 깨닫지 못하면서 다른 사람의 겸손을 능력 부족으로 착각한다. 아주 자연스럽게 자신과 능력이 비슷하고 어쩌면 자신이 한 수 위일 수도 있다고 생각한다.

'재벌 2세' 하면 가장 먼저 떠오르는 생각은 '돈이 많다!'일 것이다. 사실, 많은 이가 인식하는 재벌 2세는 '돈이 많다'는 꼬리표 하나뿐이고, '지식 베이스'나 '비전' 같은 것은 썩 어울리지 않는다고 생각한다. 하지만 실제로 그렇지 않다. 많은 재벌 2세가 돈이 많다고 해서 그저 놀고만 있는 것이 아니다. 그들은 경제적 장점을 지식 확장의 기반으로 삼는다.

진정으로 '더닝 크루거 효과'를 깨달았다면, 이제 변화를 이루기 위해 노력해야 한다.

다른 사람이 겸손하다고 우리가 자만해도 된다는 건 아니다. 우리는 우리 자신을 스스로 제어하고 교만함과 조급함을 경계해야 한다. 항상 배움의 자세를 유지하고, 다른 사람의 겸손함 뒤에 숨겨진 능력을 배우고, 자신에게 부족한 점을 채우는 법을 깨달아야 한다.

자신의 부족함을 발견하기 어렵다면 주변 사람들에게 물어봐도 좋다. 친밀한 관계일수록 더 진실한 충고와 조언을 받을 수 있을 것이다. 그들의 말에 귀 기울이고 잘 받아들인 다음 자신을 발전시켜 나아가자.

나에게는 늘 부족한 나

◆

L은 그 누구보다 더 독립적인 사람이다. 회사에서 맡은 바 책임을 다하고 완벽을 추구할 뿐 아니라, 그녀 개인적인 삶 영역에서도 욕구가 아주 높은 그야말로 '신新여성'이다. 다른 사람들이 보기엔 조건이 좋은 여성인 듯하지만, 사실 그녀는 나름대로 남모를 고민을 가지고 있다.

'나는 충분하지 않다. 나도 그저 다른 사람과 같은 척했을 뿐이야!'

이런 생각은 그녀를 매우 지치고 우울하게 만들었다.

다른 사람이 보기엔 좋아 보이지만 정작 자신은 가식적으로 만들어낸 모습이라고 생각하기 때문에 겉으로 드러나는 자신보다 내면의 자신이 한참 작다고 느낀다. 이런 생각은 그녀뿐만 아니라 우리도 한 번쯤은 느껴봤을 것이다. 이러한 생각은 더 이상 욕심을 내지 못하게 하고 더 나은 삶을 바라지 못하게 하며, 자기 스스로 '나는 그럴 자격이 없다'고 생각하게 만든다. 사실 이 모든 것은 '나는 충분하지 않다'는 자기 인식에서 비롯된다.

자신을 가만두지 못하는 사람들에게는 대부분 가정환경과 관련된 요인들이 크게 작용하는 것 같다. 그래서 가정환경이라는 관점에서 조금 더 자세히 분석하고자 한다.

먼저 사랑이 부족한 가정에서 자란 아이는 '나는 부족하기 때문에 더 나아지도록 열심히 노력해야 해!'라고 생각하는 악순환에 빠지기 쉽다. 부모의 보살핌과 관심을 받고 싶고, 앞으로 더 나은 삶을 살고 싶어서 미친 듯이 노력한다. 더 나은 자신이 되기 위해 애쓰는 것이다.

어린 시절, 가정에서 인정받지 못한 아이에게도 이와 비슷한 현상이 나타난다. '자만은 사람을 망친다'라는 생각을 가진 부모는 매사에 아이를 달래지 않고 무조건 윽박지르고 혼낸다. 그러면 아이는 부모의 인정과 칭찬을 받기 위해 끊임없이 애쓰지만, 부모는 여전히 만족스럽지 않다. 이런 가정에서 자란 아이들에게서 자신감을 찾기란 여간 힘든 일이 아니다.

이 밖에도 어린 시절 '엄친아'의 수많은 비교로 마음에 낙인이 찍힌 것처럼 상처를 입었을지도 모른다. 나중에 긴장이 풀릴 때마다 마음속에 부정적인 감정이 불쑥 올라오기 때문에 아무리 힘들어도 몸을 일으켜 계속 고군분투하며 앞으로 나갈 수밖에 없다.

사실, 사람들 앞에서는 훌륭해 보이지만 정작 내면은 연약한 존재임을 자신도 너무 잘 알기에 많은 노력을 기울이는 것이다. 그러나 여전히 지금보다 더 높고 나은 것을 추구하기에 결국 자신의 삶은 더욱 피폐해질뿐더러 정신적으로 점점 더 억압되어 모든 일에 어울리지 않는다고 느낀다. 과연 이런 인생에 희망이 있는 것일까?

이제 그만 깨어나자! 그리고 자신에게 '넌 정말 멋진 사람이야!'라고 말해주자. 따로 시간을 내서 자신이 부족하다고 느끼는 생각의 근원을 거슬러 올라가자. 천천히 자신을 살피고 돌아보면 분명 변화가 일어날 것이다.

예컨대 부모님으로부터 충분한 사랑을 받지 못하고 자랐다면 부모님을 찾아가 그동안 마음에 쌓아둔 이야기를 풀어놓고 자신을 향한 부모님의 진짜 마음이 무엇이었는지 허심탄회하게 대화해보자. 그러면 부모님의 관심과 사랑이 쉽게 알아채지 못하는 형태로 항상 당신 곁에 함께해왔음을 깨달을 것이다. 당연히 그 순간 감정의 응어리도 함께 풀릴 것이다.

또는 내 마음속 '내면의 아이'를 찾아서 그가 느끼는 감정이 상실감인지 외로움인지 물어보자. 어쩌면 그동안 억눌렸던 감정을 해소하기 위해 목 놓아 울어야 할지도 모른다. 모든 이성과 감성을 동원하여 분석하자. 자신의 장점과 그동안 이룬 것을 열거하다 보면 누구보다 자신이 눈부시게 빛나고 있음을 깨달을 것이다.

더 이상 자신을 괴롭히지 마라. 관점을 바꾸면 비로소 열정과 에너지로 가득 찬 자신이 보일 것이다. 당신 또한 깨닫길 바란다.

'아, 나도 이만큼 잘할 수 있었구나!'

'나도 얼마든지 다른 사람처럼 빛날 수 있구나!'

이렇게 선택하는 것이 맞을까?

◆

마음에 들어서 산 새 옷을 보고 가족과 친구 모두가 별로라고 말했다. 그러자 그 옷이 더 이상 예뻐 보이지 않았다. 그 즉시 그 옷을 옷장 구석에 밀어 넣고는 더 이상 거들떠보지 않았다.

고등학교 시절, 스스로 문학적 재능이 뛰어나다고 믿었기 때문에 작가가 되겠노라 마음먹었다. 그래서 당연히 문과를 선택하려고 했다. 하지만 가족과 친구 모두가 "작가는 미래가 불투명하여 굶어 죽기 딱 좋은 직업이야"라고 말하는 바람에 결국 이과를 선택했다. 이후 적성에 맞지 않는 이과 과정을 꾸역꾸역 공부한 끝에 간신히 졸업할 수 있었다.

이와 비슷한 경험을 해본 적 있는가?

우리는 살면서 시시각각 선택의 순간을 맞이한다. 대개는 자기 생각대로 결정하지만, 간혹 가족이나 친구 또는 동료가 반대하는 상황이 벌어지면 자기 선택이 올바른지 의심한다.

'내가 제대로 선택한 게 맞나? 사람들이 다 그렇게 하면 안 된다고 하는 거 보면 내가 잘못 선택한 거 아닌가?'

결국 앞서 한 선택을 번복한다. 그렇다. 우리가 이미 주관을 가지고 있다 하더라도 10명의 친구 견해와 다르다면 결국 우리는 흔들릴 수밖에 없다.

많은 선택의 이면에는 우리가 이루고자 하는 목적이 있지만, 때로는 그런 목적이 하나가 아니라 여러 가지인 경우가 있다. 이때 우리는 모순과 갈등에 직면하는데, 어떤 결정을 내려야 할지 고민하게 된다. 예컨대 취업을 앞두고 사회적 지위가 낮지만 연봉이 높은 직군과 사회적 지위는 높지만 연봉이 낮은 직군 사이에서 깊은 고민에 빠진다. 각각의 장단점이 있기에 쉽게 선택하기 어렵다. 다른 사람의 의견과 조언까지 구하지만, 결정하는 데 딜레마에 빠지는 건 어쩔 수 없다.

살면서 자기 의견 고수하기는 매우 중요한 일이다. 물론 이때 자기 의견은 고집이 아니라 정확하고 객관적인 사실에 기반을 두어야 한다. 당신의 선택이 원하는 목표라고 확신한다면, 다른 사람들의 의견에 휘둘리지 말고 계속 밀고 나아가라. 다른 사람의 말에 자기 신념이 흔들려선 안 된다.

타인의 생각에 휘둘리지 않으려면 과연 어떻게 해야 할까?

첫째, 중대한 결정을 내릴 때는 상황 노출을 최소화한다.

어떤 일을 할 때, 다른 사람에게 말한 뒤 진행하면 처음 계획한 대로 흘러가지 않은 경험이 한 번쯤 있을 것이다. 이는 다른 사람의 다양한 의견에 계속 휘둘려 자기 생각이 흐트러지기 때문이다. 따라서 중대한 결정을 내릴 때는 상황 노출을 최소화해야 한다.

A는 대학원 진학을 계획했다. 이 사실을 안 그녀의 큰아버지는 그녀에게 강권했다.

"대학원 진학은 매우 어렵고 힘들다. 또 막상 졸업한다 해도 나이 많은 상태가 될 테니 취업하기 힘들 거야. 그러니 차라리 지금 안정적인 직장을 찾아서 편하게 사는 게 좋아."

그녀는 한순간 동요했지만 결국 대학원 진학 계획을 고수했고, 열심히 공부한 끝에 우수한 성적으로 원하는 대학원에 들어갔다.

계획이 실패했을 때도 그 사실의 노출을 가능한 한 최소화해야 한다. 그래야 다른 사람의 험담에 시달리지 않고 그로 말미암은 잘못된 선택을 피할 수 있다.

둘째, 의지적 자각심을 키운다.

의지적 자각심이란 행동의 목적을 깊이 이해하고 자기 행동을 스스로 통제하여 독립적인 결정을 내리는 것을 말한다. 우리 대부분은 습관적으로 다른 사람에게 의지하는 경향이 있다. 어떤 선택을 할 때마다 항상 주변 사람에게 "이건 어때?"라고 질문하는데, 그러면 결과적으로 그 사람의 영향을 받을 수밖에 없다.

우리는 자발적으로 책임지면서 자신에게 긴장감을 줘야 한다. 이를 체화하면 점점 자신의 의사결정 능력이 향상될 것이다. 어려움을 만났을 때 먼저 나서서 해결하려 노력하면 차츰 다른 사람을 의지하는 빈도가 줄어들 것이다. 혹여 다른 사람이 간섭한다면 "내가 결정할게. 내 미래는 내가 정해야 하잖아" 하며 적극적으로 자기 의견을 피력하고 고수하자. 독립적이고 자주적인 능력은 이런 과정을 통해 발전할 것이다.

다른 사람이 우리 인생을 대신 살아줄 수 없다. 당연히 우리 스스로 살아내야 한다. 다시 한 번 온전한 인생살이를 위해 바라는 바를 당당히 선택하고, 그것의 성공적인 결과를 향해 흔들림 없이 나아가자.

단지 운이 좋아서가 아니라 그럴 만한 자격이 있는 것이다

◆

의외로 많은 이가 '지금 누리는 것을 누릴 자격이 없고, 지금 이룬 성공은 우연이다'라고 생각한다. 이런 이들을 흔히 '자존감 낮은 사람'이라고 표현한다.

사실 '자기 가치를 믿지 않는 것'은 '낮은 자존감'에 가장 흔히 나타나는 현상이다. 그리고 '성공은 우연의 일치이고 실패는 자초한 것'이라는 말로 완벽하게 들어맞는다. 물론 '낮은 자존감'에는 다른 현상이 나타나기도 한다. 예컨대 인간관계나 사회생활에 예민한 사람은 새로운 시각과 환경에 적응하는 데 힘들어하고, 항상 자기비판과 자기의심의 굴레에서 벗어나지 못하며, 자신에 대한 타인의 평가 중 습관적으로 나쁜 것에만 집중한다. '낮은 자존감'에는 긍정적인 피드백도 그다지 효과가 없다. 아홉 번 칭찬해도 한 번의 비판

앞에서 와르르 무너지는 것이다. 왜 그럴까?

첫째, 이런 현상은 대개 어린 시절 부모에게 받은 압박들 때문일 수 있다.

어려서 받은 긍정적인 관심은 모두 조건부였을 것이다. 그나마 잘해야 부모 눈에 들었고, 잘하지 못하면 부모 눈에 들기는커녕 존재감 자체를 상실했을 것이다. 또 성적이 좋지 않았다면 '나는 형편없는 사람이야'라는 습관적인 자기암시가 이어졌을 것이다. 이로 말미암아 늘 자신이 얼마나 형편없는 사람인지, 자기 가치를 부정하는 단계에까지 이르며 이런 악순환이 거듭되었을 것이다.

자존감이 낮은 사람은 대체로 심리적인 압박이 심한 편인데, 정작 무엇이 문제인지 깨닫지 못한다. 따라서 변화하고자 한다면 '낮은 자존감을 의식하고 인정하는 것'에서부터 시작해야 한다.

자기 가치를 부인할 것이 아니라 현실을 인식해야 한다. '낮은 자존감'의 특징을 하나씩 비교해보고 그것이 어떻게 표출되는지 적어보자. 자세히 할수록 좋은데, 이는 나중에 객관적으로 검토하고 분석하는 데 많은 도움이 된다. 예컨대 '오늘 팀 프로젝트가 잘 끝났다. 나는 거의 한 게 없다. 모두 팀원들 덕분이다!'라고 적었다면 곰곰이 생각해보자.

'나는 정말 아무 일도 하지 않았는가? 아무런 도움도 되지 않았는가? 나의 팀이 이뤄낸 성과에 내 노력은 하나도 들어가지 않았는가?'

이런 식으로 생각하다 보면 자신을 과소평가했는지, 과대평가했는지 알 수 있을 것이다.

둘째, 자신의 행동으로 '나는 형편없다'는 심리상태를 변화시킨다.

'낮은 자존감을 가진 사람'은 어떤 일을 하더라도 '나는 형편없다'는 생각에서 벗어나지 못한다. 일단 시도해봐야 할 수 있는지 없는지 알 수 있다. 그러니 지금부터라도 도전을 피하지 말고 조금씩 받아들이자. 오늘 회사에서 당신에게 프로젝트 기회를 준다면, 낮은 자존감에 사로잡혀 "제가 할 수 있을지 잘 모르겠어요" 하며 머뭇거리지 말자. 자신과 회사 모두에게 좋은 최선의 결정을 내리고 마주해야 할 문제와 그 해결책에 집중하자. '내가 할 수 있을까'에서 '어떻게 할까'로 생각을 전환하는 것이다. 그리고 성공을 이뤄냈다면 자발적으로 자기 가치와 노력을 인정하자. 그다음 교훈과 경험을 받아들이자.

셋째, 다른 사람의 평가를 객관적으로 받아들인다.

이는 자신을 객관적으로 바라보는 것과 상응한다. 어떤 일이 발생하면 먼저 그 일로부터 자신의 장단점을 분석한 다음, 다른 사람의 의견을 고려하여 최종적으로 이를 선택할지 무시할지 결정한다. 여기서 긍정적인 것을 최종 목표로 삼아야 함을 기억하자. 어떤 일을 진행하는 데서 칭찬받았다면, 그 칭찬을 받아들이고 계속 유지하자. 비판받았다면 문제를 겸허히 받아들이고 분석한 뒤 개선하면 된다. 칭찬에도, 비판에도 너무 동요할 필요는 없다. 그것은 우리의 자만심이나 열등감을 부추기는 원인이 되기 때문이다.

명심하자. 우리의 성공은 우연이 아니라 노력으로 이루어진다! 우리는 빈번히 실패한다. 그럼에도 너무 낙담하지 말자. 그 뒤에는 성공이 기다리고 있기 때문이다.

내가 무엇을 원하는지 모르겠다

◆

사람들은 종종 "내가 무엇을 원하는지 모르겠다"고 말하는데, 사실 이건 "나는 내가 원하는 것을 마주하고 쟁취할 용기가 없어"라고 말하는 것과 똑같다.

곰곰이 생각해보면 정말 그렇다. 솔직히 욕심 없는 사람이 어디 있을까? 우리는 그 무엇을 갖고 싶어 하고 다른 사람의 관심과 칭찬을 받고 싶어 한다. 하지만 성공에 대한 확신이 없어서 속도를 늦추거나 멈추고 마치 아무 일도 없었던 것처럼 생각하며 억지로 해나간다. 그러다 실패하면 자신을 정당화할 여러 변명을 찾는데, 심지어 '오늘 날씨가 좋지 않아서 기분이 좋지 않았다'는 것까지 실패의 원인으로 삼는다.

현실과 이상의 격차가 너무 크다는 사실을 깨달았을 때,

우리는 그 차이를 좁힐 기회를 어떻게 만들 것인가를 먼저 고민하기보다 머리를 파묻고 위험을 외면하는 타조처럼 숨어서 자신을 위로한다.

P는 반년 넘게 구직 활동을 이어오고 있었다. 그가 자신에게 가장 많이 했던 말은 "어떻게 해야 할지 정말 막막해! 도대체 어떻게 하면 좋지?"였다. 그는 대학을 졸업하자마자 많은 이력서를 내며 여러 기업의 문을 두드렸다. 하지만 면접의 문턱을 넘지 못하고 최종적으로 취업을 하지 못하자, 현실에 큰 충격을 받았다. 그는 더 이상 취업을 하고 싶지 않다 생각하고 이 문제를 회피했다. 사실 그는 자신이 원하는 건 사회적 인정과 안정된 직장이라는 것을 누구보다 잘 알고 있었다. 하지만 다시 나서기란 쉽지 않았다.

우리는 항상 '내가 얼마나 노력했는데, 왜 원하는 것을 얻을 수 없는 걸까?' 하고 생각한다.

사실, 우리는 스스로 도전하기를 두려워하기 때문에 용기를 잃고 도망가기 일쑤다.

무슨 일을 하고 싶을 때 용기가 계속 사그라지는 것은 좋은 일이 아니다. 우리에게는 항상 자신을 변명할 이유가 있기 때문이다. 두려움을 느끼면 바로 '이 일을 하기에는 내 능력이 부족하긴 하지. 잠깐 쉬는 게 좋겠어'라고 자기암시를 하며 하던 일을 내려놓고 휴식기를 갖는다. 매번 이런 일이 반복되면 기회가 몇 번이고 손안에 들어와도 스스로 내쳐버리는 결과를 낳게 된다.

용기를 갖는 일이 이토록 힘든 일일까? 과연 어떻게 해야 할까?

첫째, 자신이 가장 두려워하는 일을 열거하고 하나하나 완성한다.

용기가 부족할 때 자신을 못살게 굴지 않으면 정말 못하는 건지, 아니면 두려움에 눌린 건지 어떻게 알 수 있겠는가? 자신이 많은 사람 앞에 서는 것을 두려워하는지, 혼자 있는 것을 두려워하는지, 복잡한 상황이나 의외의 변수가 발생하는 것을 두려워하는지 등 자신의 약함을 끄집어내서 천천히 적어가다 보면 그에 상응하는 해결 방안을 생각해낼 수 있다. 대중 앞에서 연설하거나 혼자 조용히 결과를 완성하는 것, 또 복잡한 걸 단순하게 만들고 미리 다양한 대안을 준비하는 것 등등 이런 일들이 뭐가 그토록 두려운가?

열정적이고 긍정적인 마인드로 일을 완수할 때까지 스스로 독려하고 다시는 현실을 회피하며 도망치지 말자.

둘째, '승리 마인드'를 키운다.

심리학에서는 '인간의 뇌에는 성공, 실패라는 개념이 없기에 우리가 실패를 상상할수록 우리의 행동도 점점 부정적으로 변한다'고 말한다. 같은 맥락이다. 승리 마인드를 갖는다면 이는 이미 승리의 길을 가고 있는 것과 진배없다.

용기가 부족해서 도피를 선택하는 것은 '이건 불가능해. 결국 실패하고 말 거야'라는 결론을 미리 내리고 성공 추구의 열정을 허무하게 죽이는 어리석은 행동이다. 당연히 성공은 점점 더 멀어질 수밖에 없다. 긍정의 '승리 마인드'를 갖는 것은 용기를 북돋우고 성공을 불러오는 효과적인 방법이다.

미지의 세계를 두려워하는 이유

◆

시험 결과 혹은 자신이 좋아하는 사람의 메시지를 애타게 기다리는 등 자신도 어쩌지 못한 채 통제할 수 없는 상황에서 극도로 불안감을 느끼는 사람을 본 적 있을 것이다. 이들은 끊임없이 휴대전화를 만지작거리면서 결과가 나왔는지, 메시지가 도착했는지 거듭 확인한다. 급기야 이런 불확실한 상황에서 최대한 빨리 벗어나고자 충동적인 행동까지 한다.

위 상황으로 볼 때, 그들은 일상이나 업무에서 모든 불확실한 상황에 대한 수용범위가 상대적으로 좁다. 이런 상황들은 종종 위험하고 두렵게 만들 뿐 아니라 나쁜 영향을 끼친다.

삶의 불확실성을 견딜 수 없을 때 우리는 회피한다.

마치 안전 불감증이 해소된 것처럼 회피 때문에 발생할 모든 결과를 사라지게 한다. 매일 오전 9시부터 오후 6시까지 똑같은 일을 반복하는 데 지쳐서 어디론가 도망치고 싶을 때, 퇴사 후 재취업의 어려움을 생각할 때, 그러나 그냥 묵묵히 마음속 충동을 억누르고 같은 일상을 살아내기로 한다.

또한 불확실한 상태를 빨리 벗어나고자 할 때 우리는 최악의 결과를 선택한다. 경기가 진행되던 마지막 순간, 지금까지 선두를 달리던 중 승리에 대한 압박감이 눈덩이처럼 커지면서 고비가 찾아온다. 이길 가능성이 분명 있지만, 그 부담을 견디지 못해 결국 경기를 포기한다.

위 상황들을 종합해봤을 때 불확실한 상황을 받아들이지 못하는 세 가지 이유가 있는데, 첫째는 안정감 결여, 둘째는 지나친 통제 욕구, 셋째는 낮은 자존감이다. 이제 원인을 알았다. 그렇다면 과연 어떻게 극단적인 선택을 하지 않고 불확실한 상황을 개선해야 할까?

첫째, 다시 정확하게 인식한다.

우리가 불확실한 상황을 견디지 못하는 가장 큰 이유는 바로 사물 또는 사건에 대한 인식이 왜곡되었기 때문이다. 이런 왜곡된 인식은 처음부터 존재하지 않았거나 완전히 잘못되었을 가능성이 크며, 그 안에는 감정이나 다른 주관적 요소가 많이 포함되어 있다.

생각을 바꿔보자. 자신의 부정적인 상상을 점검하며 사물에 대한 자기 인식을 적어보고 하나하나 분석해볼 수 있다. 얼마 전에 본 시험 면접 결과를 기다리고 있는데, 마음속으로 '보나 마나 떨어졌을 거야'라고 생각하고 있다면 왜 스스로 그런 생각을 하는지, 면접 과정에서 어떤 실수를 했는지 생각해볼 필요가 있다. 이때 객관적이고 주관적인 요소들을 결합해서 생각하다 보면 자신이 예측한 면접 결과에 대해 정확히 인식할지도 모른다. 또 당시 상황을 회상하면서 제대로 표현하지 못한 부분을 발견해낼 수 있다. 그리고 나면 최종 결과가 어떻게 나오든 다 좋게 받아들이고 자신을 향상할 기회를 가질 수 있다.

둘째, 의식적으로 자신의 감정을 인식하고 제어한다.

짝사랑하는 이에게 마음을 담은 메시지를 보내고 나서 그의 답장을 기다리며 가슴 졸이고 있다가도 결과가 어떻게 될까 하는 두려움에 사로잡혀 결국 휴대전화 알람을 끄는 것도 모자라 휴대전화 전원을 꺼버리는 경우가 있다. 지나치게 과장된 반응이라고 생각하는 사람도 있을 것이다.

어떤 일을 하기로 했다면 수시로 자신에게 '이왕 이 일을 하기로 한 이상 절대 포기할 수 없으며 최종 결과가 무엇이든 스스로 책임져야 한다'고 말해주어야 한다. 또 긴장하거나 두려움이 엄습할 때 나쁜 결과를 먼저 떠올리기보다는 나올 수 있는 좋은 결과를 하나씩 생각해보고 집중력을 점점 확장해가는 것이 좋다.

누구나 미지의 불확실한 상황을 두려워하는데, 이에 대한 대처 방식이 각기 다른 이유는 사람마다 긍정적인 태도의 정도가 다르기 때문이다. 우리는 미지에 대한 두려움을 도전할 용기와 동기로 바꾸어 자신을 보완하는 기회로 삼아야 한다. 이를 통해 불확실한 상황에 흔들리지 않는 단단한 자신이 되어야 한다.

편견을 갖는 이유

◆

한 선생님에게 두 명의 제자가 있었다. 이유는 모르겠지만 선생님은 항상 A만 예뻐하고 B는 눈엣가시처럼 여겼다. 어느 날, A와 B가 공부를 하는데 갑자기 아무 소리가 들리지 않자 선생님은 주변을 둘러보았다. 책상에 엎드려 잠자고 있는 A를 발견하고는 미소를 씩 지었다. 그런데 고개를 돌려보니 B 역시 책상에 엎드려 자고 있었다. 선생님은 B 앞으로 다가가 버럭 소리쳤다.

"하여튼 너는 책만 피면 자는구나!"

그러고는 A를 가리키며 말했다.

"A 좀 봐라, 자면서도 책을 보고 있지 않니!"

분명히 두 사람 다 자고 있었는데, 선생님은 A와 B를 대하는 태도가 너무 달랐다. B는 선생님의 행동을 이해할 수 없었다.

극단적인 예이지만, 이것이 바로 편견이다. 편견은 다른 사람이나 사물을 바라보는 시각이 완벽하지 못해서 생기는 잘못된 인식이다. 편견은 다른 사람들에게 없는 사실을 꾸며내거나 근거 없는 진실을 믿게 만들뿐더러 극단적이거나 지나친 일반화적 성향을 갖게 한다. 또한 색안경을 낀 채 문제를 바라보게 하며, 문제를 고민하고 생각하는 것을 게을리하게 해 올바른 판단과 결론에 이르지 못하도록 만든다.

도대체 우리는 왜 편견을 갖게 되는 걸까? 세 가지 이론을 근거로 그 이유를 살펴보자.

첫째, 집단 갈등 이론

이것은 자원을 차지하기 위해 집단 간 편견이 발생한다는 이론으로, 특히 우리가 얻어야 하는 자원을 상대방이 얻었을 때 우리의 것을 빼앗겼다고 느끼거나 심지어 상대방이 부당한 방법으로 취했다고 생각한다. 한번 가정해보자. 지금 다니는 회사에 해외 파견 자리가 나와서 당신은 얼른 신청했다. 당신과 함께 일하는 동료도 신청했지만 선발 인원은 딱 한 명뿐이다. 그런데 선발 결과가 나왔을 때 거의 모든 사람이 깜짝 놀랐다. 정말 의외로 이제 막 회사에 들어온 신입 직원이 선발된 것이다. 그는 실력과 경력에서 모두 뒤처졌지만, 딱 한 가지 출중한 외모의 소유자였다. 이때 당신과 다른 사람들은 선발된 신입 직원을 보고 얼굴로 먹고산다는 꼬리표를 붙일 수 있다. 당연히 그가 뛰어난 실력을 갖췄더라도 대부분의 사람은 여전히 그가 잘생긴 얼굴 덕을 본 거라고 생각할 것이다.

둘째, 사회적 학습 이론

이 이론의 관점에서 편견은 편견을 가진 다른 사람에게 배운 결과라는 것이다. 예컨대 어린아이들은 흑인과 백인을 구별하지 못한다. 방송매체나 부모의 영향이 아니고서는 아이들은 그저 같은 학교 친구거나 또래 친구라고 생각한다. 아이들이 다른 사람과 일에 대해 모방하고 배워갈수록 점점 다른 생각들을 갖게 된다.

셋째, 인지 이론

인지란 우리가 외부 사물을 이해하는 과정을 말한다. 우리는 이미 자기만의 방식으로 이 세상을 인식하고 있기에 인지도 편견을 갖는 데 영향을 미칠 수 있다. 우리는 기본적으로 낯선 사람에 대한 어느 정도 두려움을 가지고 있는데, 이는 그 사람에 대한 이해 부족 때문이다. 특히 낯이 익지 않으면 자신도 모르게 경계심을 갖게 된다. 실상 우리는 내부인과 외부인을 대하는 태도가 다르다. 내부인은 확실히 내 사람으로 인식하고 외부인은 당연히 내 사람이 아니라고 생각한다. 우리는 본능적으로 내부인을 선호하고 외부인은 배척한다. 이는 자신과 내부인은 같은 입장, 즉 같은 편이라고 생각하기 때문이다.

완전히 나 자신을 위한 삶

◆

마음을 차분히 가라앉히고 잘 생각한 뒤 대답해보자.

1. 당신이 무엇을 얻기 위해 이토록 열심히 노력하는 것인가? 명예인가, 돈인가? 아니면 지위인가?

2. 당신은 왜 그것을 얻으려고 하는가? 다른 사람의 부러움이나 관심을 끌기 위해서인가? 아니면 다른 이유가 있는가?

아마 많은 이가 위 두 가지 질문에 답할 때 다른 사람의 시선, 다른 사람의 조언, 다른 사람의 말 등 '다른 사람'이라는 말이 은연중에 포함되어 있을 것이다. 이처럼 '다른 사람'은 우리 삶의 많은 부분에 걸쳐 있다. 우리는 다른 사람의 칭찬과 존경으로 말미암아 기뻐하고, 다른 사람의 비판과 무시로 말미암아 고통스러워한다. 즉, 우리의 감정은 항상 다른 사람의 생각에 많은 영향을 받는 것이다.

당신은 어떤가? 다른 사람의 의견에 휘둘리며 살아가고 있는 건 아닌가? 그렇다면 당신은 무슨 일을 하든 당신 자신이 원하는 것이 아닌, 다른 사람의 생각과 시선만을 고려하는 것이다. 당신이 싫어도 다른 사람이 좋아하는 대로 하는 삶은 과연 유의미할까? 정말 당신의 인생이라고 말할 수 있을까?

독일의 철학자 쇼펜하우어Arthur Schopenhauer는, 인간의 가장 특별한 약점은 다른 사람의 시선을 의식한다는 것이라고 했다. 이 약점은 인간의 열등감에서 비롯된다. 자기 스스로 자신감을 주지 못하기 때문에 외부에서라도 인정받고 싶어 한다. 자신이 '좋은지 아닌지' 확신할 수 없기에 다른 사람의 좋은 평가를 통해 내면의 불안함을 달래려는 노력인 것이다.

N은 사장의 신임을 한 몸에 받으며 동료들과도 원만한 관계를 유지하고 있었다. 그러던 어느 날, 우연히 자신을 험담하는 소리를 듣고 난 뒤 큰 충격에 빠졌다. 그는 무슨 일을 하기 전에 항상 '내가 이렇게 하면 다른 사람들이 어떻게 생각할까?', '내가 낸 아이디어가 나쁘다고 생각하는 사람도 있겠지?', '내가 너무 나선다고 생각하면 어떻게 하지?', '내가

사장한테 잘 보이려고 애쓴다고 생각하면 어떻게 하지?' 등등 고민을 수없이 하곤 했다. 이런 생각들에 깊이 빠져들수록 업무력이 떨어졌고, 급기야 불면증과 불안감에 시달리게 됐다. 확실히 그는 다른 사람의 평가를 너무 진지하게 받아들이고 있었다.

창피함을 두려워할수록 다른 사람의 눈을 의식하고, 다른 사람을 의식할수록 자신의 감정에 무뎌진다. 그러면서 점점 꼭두각시처럼 다른 사람에게 보여주기 위한 삶을 사느라 정력을 낭비한다. 결국 진짜 자기 모습은 내면 깊숙한 곳에 스스로 가둬버린다. 자신을 잃어버린다는 것은 모든 심리적 문제의 근원일 뿐만 아니라 인생에서 기쁨과 행복이 사라진다는 의미이다.

자신을 제대로 인식해서 '내가 어떤 사람이고 어떤 삶을 살기 원하는지' 안다면, 왜 그렇게 다른 사람의 시선을 의식하겠는가?

당신이 지금 해야 할 일은 사람들의 시선에서 벗어나 자신을 굳게 믿는 것이다. 그럴 때 당신만의 빛을 찬란히 발할 것이다.

진짜 자신을 발견하려면 어떻게 해야 할까? 방법은 딱 하나다. 자신의 좋은 면이든 나쁜 면이든 있는 그대로 온전히 받아들이는 것이다. 거듭 말하지만, 세상에 완벽한 사람이란 없다. 당신뿐만 아니라 그 누구든 단점을 가지고 있다. 그러니 실패하더라도 좌절하지 말고 자신에게 '내 부족함이 무엇인지 알았으니, 개선해나가면 다음에는 반드시 성공할 수 있을 거야' 하고 말해주자. 또한 성공하더라도 자만하지 말고 '성공하긴 했지만, 더 잘할 부분이 있을 거야. 계속 노력해야지'라고 자신에게 말해주자. 자신을 완전히 받아들일 줄 알아야 내면도 점점 강해질 것이다.

당신에 대한 다른 사람의 시선이 모두 옳은 것은 아니기 때문에 그들의 의견을 선별적으로 듣거나 아예 무시해도 무방하다. 다른 사람이 생각하고 평가하는 대상은 진짜 당신이 아니라 그들이 생각하는 당신이기 때문에 크게 동요할 필요가 없다. 따라서 다른 사람이 하는 말은 우리가 막을 수 없으므로 그렇게 하도록 놔두자. 다만, 그 말 중 도움 될 게 있다면 잘 분별하여 발전의 밑거름으로 삼자.

직감에 속았다면

◆

별자리나 타로 카드 혹은 점쟁이의 말을 믿는가? 가끔 어떤 일이 일어날 것임을 예감한 적 있는가? 직감적으로 내린 판단이 딱 들어맞아서 스스로 뿌듯해한 적 있는가? 대부분의 여성이 남성보다 선천적으로 예민하기에 그들의 육감이 훨씬 정확하다는 사실을 부인할 수 없다. 사실 여성들이 잘 속는 이유도 직감을 지나치게 믿기 때문이다. 직감에 의한 승리는 확률적인 승리에 불과할 뿐이다.

우리가 직감에 속아 넘어가는 이유는 다음의 세 가지 성향 때문이다.

첫째, 사건 발생 이후 똑똑해진다.

어떤 일이 발생했을 때 자신이 이미 이 일을 예측했다고 믿고 싶어 하는 경향이 있다. 운동 경기를 보다 보면 팀의 위기 때마다 감독은 중요한 결정을 내린다. 경기가 끝난 후 팀이 패배했다면, 그때 "내가 그럴 줄 알았다니까. 그때 그런 결정을 내리면 안 됐어"라고 말한다. 하지만 경기에서 승리했다면 "그 전술이 제대로 먹힐 줄 알았다니까. 나도 그렇게 생각했거든!" 하며 떠들어댄다. 사실 이 결정 자체가 양면성을 띠고 있었기에 감독이 처음 결정을 내렸을 때 우리 마음에는 명확한 확신이 있었다기보다는 그저 이 같은 결정에 장단점이 있을 거라는 정도만 알았다. 하지만 막상 결과를 알고 나면 마치 직감으로 모든 상황을 예측한 것처럼 이야기하기 시작한다.

둘째, 지나치게 자신을 믿는다.

수학 시간에 선생님과 함께 문제를 풀 때는 너무 간단해 보여서 완전히 이해했다고 생각한다. 하지만 기말고사 시험지를 받아 든 순간 눈앞이 깜깜해지고 아무리 풀어도 답을 적어내지 못한다. 그제야 '이 문제는 풀 수 있어'라고 자신했던 자신이 미워지고 '꼼꼼히 복습할걸' 하는 후회가 밀려든다. 누구나 공부하면서 이런 감정을 한 번쯤 느껴봤을 것이다. 이는 모두 자신을 과신하는 성향에서 비롯된 것이다. '말하기는 쉽지만 실천하기는 어렵다'는 말은 그래서 나온 것이다.

셋째, 무질서에서 규칙을 찾아낸다.

역술가와 점쟁이가 '예측'한 운명은 실제로 얼마나 들어맞았을까? 그들의 예측이 맞아떨어진 건 거의 스치는 공에 맞는 것이나 다름없다. 예컨대 '스물다섯이 지나야 결혼할 수 있다'는 말은 굉장히 확률적인 말이다. 그러나 막상 일이 발생하면 우리는 어떻게든 그것을 '정확한 예측'과 연결하려고 한다. 이것이 미신을 믿고 전파하는 사람들의 일반적인 심리다.

상상력이 풍부한 우리가 이런 성향을 지닌 것은 아주 정상적인 일이다. 하지만 그렇다고 이런 비현실적인 직감을 재미로 받아들여야지, 너무 진지하게 받아들이면 안 된다. 직감에 속아 넘어가지 않으려면 비판적인 사고를 길러야 한다. 중요한 결정을 내려야 할 때 직감에 의존하지 말고 이성적으로 '지금 이 논리가 맞을까? 현실에서 벗어난 것 아닌가?'를 신중하게 따져보아야 한다.

직감의 신뢰 여부를 판단하는 또 하나의 실용적인 방법은 직감을 뒤집어서 생각해보고 틀린 것으로 증명할 수 있는지 확인하는 것이다. 예컨대 귀신 보는 사람이 귀신과 대화를 나눴는데, 그때 나눴던 대화 내용을 사람들에게 말해줬다면 당신은 분명 반신반의할 것이다. 그의 말을 반박하고 싶지만, 그가 거짓말하고 있다는 것을 증명할 길은 없다. 그의 말을 부정할 방법이 전혀 없는 것이다. 이를 철학적 표현으로 '이 표현 자체에 반증 가능성이 없다'고 말한다. 그렇기에 이런 것들에 대한 우리의 직감을 믿을 수 없다.

때때로 직감이 우리를 속이기에 우리는 정신을 바짝 차리고 깨어 있어야 한다. 거듭 강조하지만, 쉽게 직감을 믿어서는 안 된다.

열등감에서 비롯된 자부심

◆

마랑馬良의 《자백서坦白書》에는 이런 구절이 있다.

'내 모든 자부심은 열등감에서 비롯되었고 모든 영웅적 기개는 나의 연약함에서 시작됐다. 내가 그럴듯하게 떠들어대는 것은 그만큼 의심이 가득 차서 그렇고, 깊은 동정심은 나의 무정함을 증오하기 때문이다. 이 세상 어느 것 하나도 그냥 생겨나지 않는다. 빛 가운데 있으면 등 뒤에 그림자가 드리워지게 마련이다. 한밤중에 침묵이 흐르는 이유는 당신이 아직 소리를 듣지 못했기 때문이다.'

이 구절에 나타난 문학적 깊이와 철학적 사고를 떠나서, 우리가 봐야 할 것은 이 구절에 담긴 작가의 '열등감'과 '심리적 보상 메커니즘'이다.

누구나 자신을 증명하려고 노력한 순간이 있다. 위 구절에서 말했듯, 가진 것이 없는 사람일수록 자신이 가진 것을 증명하려고 애쓴다. 인본주의 심리학의 선구자 알프레드 아들러Alfred Adler는 '인간이라면 누구나 어느 정도의 열등감을 갖고 있는데, 열등감은 현실에 대한 불만족과 더 높은 경지에 이르기 위한 열망에서 비롯된다'고 했다. 열등감은 현실을 바꾸는 동기를 유발하기에 나 자신을 더 발전시킨다. 그러나 열등감이 너무 지나치면 쉽게 좌절감을 느끼고, 심하면 '열등의식'에 사로잡힌다. 인간은 오랫동안 열등감 속에서 살아갈 수 없기에 '심리적 보상 메커니즘'을 통해 맞서왔다.

사람들은 자신의 장점을 발견하고 강화하기 위한 최선의 노력으로 자신에게 "이것 봐! 내가 최고지!"라고 말하곤 한다. 하지만 '열등의식'의 영향 속에 있으면 이러한 보상 대부분은 과도하고 불합리하며, 심지어 자신에 대한 완전한 비현실적 억측이 되고 만다. 이것이 바로 흔히 말하는 '자부심'이다. 이런 보상 메커니즘이 '자부심'의 단계에 이르렀을 때 비로소 내적 열등감의 강도를 상쇄할 수 있다.

자부심이 강한 사람들은 자신의 열등감을 필사적으로 숨긴다. 이들은 예민하고 화를 잘 내며 독선적이다. 사실 이런 모습은 열등감이 만들어낸 외형적 요소에 불과하다. 실제로 내면 깊은 곳의 불안감을 감추기 위한 것이다. 무협소설에는 항상 고운 옷을 입은 앳된 소년이 등장하는데, 배불리 음식을 먹고 취하도록 술을 마셔도 상대방을 압도할 만큼 예리한 칼은 절대 손에서 놓지 않는다. 이로써 그는 자신의 힘을 상대방에게 과시하는 것이다. 그가 무공에 능하고 칼을 쓸 줄 아는 것은 사실이지만, 조금 더 들여다보면 상대방과의 대결에 자신 없어 하는 모습을 볼 수 있다. 진정한 무림고수는 먼지를 뒤집어쓴 행색으로 이렇다 할 무기도 없으며 평범한 사람들처럼 그저 예의를 갖추고 있을 뿐이다. 무슨 일이 일어나든 충분히 대처할 내공이 있기 때문에 굉장히 여유로운 모습을 보인다.

자부심과 열등감이 강한 사람들은 적응력이 약한 완벽주의자다. 적응을 못하는 완벽주의자는 자신에 대한 요구가 높지만, 자신에 대한 희망은 찾아볼 수 없다. 따라서 이런 사람들은 자기 비난과 우울증에 쉽게 노출되고 자존감 또한 매우 낮은 편이다. 그들은 스스로 설정한 높은 기준과 현실의 괴리감으로 말미암아 허탈감을 느끼기도 한다. 그러다 보면 자신에 대한 희망이 사라지고 실수에 극도로 민감해져 실패는 물론 심지어 성공도 두려워하게 된다. 자신의 현재 능력을 잘 이해하지 못할뿐더러 항상 에너지가 넘친다고 착각하기에 자기 수준을 훨씬 뛰어넘는 경쟁에 뛰어들곤 하여 원래 약한 자존감에 상처만 남긴다.

인생을 살아가는 데 너그럽고 긍정적인 태도를 갖자. 그리고 자신의 장점과 약점을 지혜롭게 받아들이자. 자신의 야망과 욕구를 포기하지 말고 계속 도전해 나아가자. 다른 사람이 바라는 내 모습이 아닌, 진실한 내 모습을 받아들일 때 비로소 나 자신은 발전할 수 있다.

PART 3

나를 변화시키면 세상도 변한다

프랭클린Benjamin Franklin은 '일과 사회에서 좋은 태도를 갖는 것은 매우 중요하다'고 했다. 누구나 일류가 되길 원할뿐더러 다른 사람에게 칭찬받고 싶어 한다. 지금부터라도 고상한 사람이 되어 당신과 경쟁하는 친구와 동료에게 진심으로 칭찬해보자.

꿈에 가까이 다가가기

◆

가정 형편이 썩 좋지 않은 B는 대학 진학 후 일본 애니메이션과 음악에 푹 빠졌다. 그는 여름방학 내내 아르바이트를 해서 음악 학원에 등록했다. 가난한 컴퓨터 공학도가 본업과 관련이 없는 성악을 배우겠다 하니, 다른 사람의 눈에는 마냥 한심하게 보였을 것이다. 그의 부모님도 집안 형편이 안 좋은데 쓸데없이 돈 낭비만 한다고 생각할 뿐 잘 이해하지 못했다. 하지만 그는 아주 단호한 어조로 말했다.

"저는 정말 음악이 좋아요. 이 분야에서 어떤 성과도 얻지 못할 수 있지만, 시도조차 안 해보고 포기할 순 없어요."

어쩌면 우리는 이미 그토록 갈망했던 꿈을 '미완성'의 자리에 두는 것에 익숙해졌는지도 모른다. 많은 이가 '돈을 많이 벌면 해외여행을 갈 거야', '여유가 생기면 그림을 배워야

겠어'라고 생각한다. 대개는 '돈'이라는 것의 조건을 채울 때까지 꿈 이루기를 멈춘다. 꿈을 아득한 이상의 자리에 올려놓은 채 그저 살아남는 일에 몰두한다.

한번 생각해보자. 당신은 삶을 더 재미있게 바꾸고 싶은 생각이 있는가? 당신은 당신이 바라는 꿈에 얼마나 가까이 다가갔는가?

인생에는 눈앞의 현실 사회에서 부딪히는 힘든 일들만 있는 게 아니라, 아름다운 것들도 있다. 그러니 자기 마음속에 예쁜 정원을 가꾸는 일을 소홀히 하지 말자.

첫째, 취미를 찾는다.

많은 사람이 어린 시절의 질적 결핍으로 취미나 장기를 살리지 못했다며 탄식하는데, 참으로 아쉽기 그지없다. 사실 꿈꾸기를 시작하는 데 시간적 제한은 없다. 또 새로운 것에 대한 흥미를 잃었다고 말하는 사람이 많은데, 이는 자신의 취미를 잊어버렸기 때문이다. 그럴 때는 가만히 앉아서 한숨을 쉬는 것보다 그동안 잊고 있었던 자신을 깨워 어린 시절의 꿈을 연결해줄 관련 취미를 시작해보자. 취미는 쉬운 것부터 시작해서 점차 어려운 것으로 영역을 넓혀가면 된다. 단시간에 자신의 마음을 알 수 없다면 몇 가지 더 시도해보자.

베란다에서 화초를 가꾸는 것도 좋다. 맑은 날 그 곁에서 볕을 쬐며 책을 보면 얼마나 좋은지 모른다. 식물처럼 우리 또한 광합성 작용에 몸을 맡기면서 마음을 정화할 수 있다.

둘째, 취미생활을 꾸준히 한다.

새로운 일을 시작하는 것은 분명 즐겁고 기대되는 일이다. 우리는 더 나아갈 수 있도록 항상 자신을 격려해야 한다. 앞서 언급한 B처럼 실제로 자신의 취미를 유지할 비용을 감당할 수 있을지 걱정하는 사람도 많다. 취미 활동을 이어가려면 물질적 지원이 필요하긴 하지만, 그것이 절대적인 건 아니다. 지금 당장 많은 돈을 들여가며 전문가 수준으로 할 필요는 없다. 우선은 매일 조금씩 시간을 들여 취미 활동 자체를 즐기자. 심신의 긴장이 모두 풀리는 경험은 덤으로 따라올 것이다.

셋째, 일상에 취미를 녹여낸다.

무엇이든 '할 줄 아는 사람'은 멋있다. 독서를 좋아하는 사람이 평소 SNS에 올리는 글을 보면 그렇게 우아해 보일 수 없다. 노래를 좋아하는 사람은 어떤 모임에서든 분위기를 이끌고, 글쓰기나 그림 그리기를 좋아하는 사람은 생동감 넘치고 재미있다. 취미를 그저 방치한 기술이 아닌, 삶에 녹

여낼 수 있다면 인생이 다소 힘들더라도 큰 위안이 될 것이다. 자신을 기쁘게 하는 일에 전념할 때 가슴이 벅차오르고 만족감으로 가득 채워질 테니까 말이다.

스트레스를 받으면서도 재미있게 살려고 노력하는 사람들에게는 열정과 긍정적인 에너지가 있다. 우리는 분명 평범한 사람이다. 하지만 무언가 하고 싶은 마음을 갖고 실제로 행동한다면 그 순간부터 우리 또한 특별해진다. 표정과 눈빛에는 생기가 넘치고, 가슴속에는 생동감 넘치는 화창한 봄이 도래할 것이다.

거울 보기를 좋아하는 이유

◆

잘생긴 사람이든 못생긴 사람이든, 남자이든 여자이든 모두 거울 보는 것을 좋아한다. 외출하기 전 거울 앞에서 옷매무시를 가다듬으며 옷이 잘 어울리는지 몇 번을 확인하고 나서야 문을 나선다. 쇼핑하다가 전신 거울이 보이면 괜히 발걸음을 멈추고 앞뒤로 몇 번 살펴본다. 쇼윈도나 차창에 자기 모습이 비칠라치면 유심히 살피다 못해 진지하게 감상하기까지 한다. 간혹 거울 속에 비친 자신에게 말을 걸기도 한다. 이런 현상이 나타나는 이유는 무엇일까? 이제 '거울 속의 작은 비밀'에 관하여 이야기해보자.

첫째, 거울을 보는 것은 일종의 욕구로, 다른 사람의 관심을 받기 위한 표현이다.

데이트할 때 여성들이 거울을 여러 번 들여다보는 이유는 주변 남자들에게 더 많은 관심을 받고 그들로부터 긍정적인 평가와 인정을 받음으로써 자기 가치를 확인하기 위해서다. 이것이 바로 심리적 욕구이다. 우리는 다른 사람에게 인정받기를 원하며, 혹여 인정받지 못하면 그로 말미암아 자기 부정이 뒤따른다.

둘째, 거울을 보는 것은 나르시시즘에 빠진 거울 공주나 하는 거라는 잘못된 생각을 갖고 있다.

사실 전혀 그렇지 않다. 거울을 보는 행위는 자신을 인정하고 받아들이는 방식이다. 거울 속의 자신을 관찰하면서 '오늘 너무 예쁘다', '정말 멋지다' 등 긍정적인 암시를 하면 자신감을 북돋울 수 있다. 일상에서 어려움과 맞닥뜨리거나 견디기 힘든 우울한 시간을 보낼 때 거울을 보고 미소하면 자신도 모르게 기분이 한결 나아질 것이다. 이는 거울이 주는 긍정적 암시다. 실제로 거울 속 자신을 통해 자신감을 회복한 사람이 많다.

셋째, 거울을 보는 것에 이토록 많은 장점과 의미가 있다면 거울을 자주 보는 것도 좋은 일 아닐까?

꼭 그런 것은 아니다. 거울에 과히 의존하는 것은 열등감의 표현이기도 하다. 거울 속 자신에게 너무 심취한 나머지 항상 거울을 꺼내서 본다. 이런 사람은 현실의 모든 일이 뜻대로 되지 않아 열등감과 씁쓸한 감정을 속으로 억누르고 있기에 현실에서 벗어나고 싶어 한다. 한 번씩 거울 속에 비친 자신을 바라보면서 마음의 위안을 얻는다. 거울 속 자신에게 너무 의존하지 말고 거울을 보는 행위도 적당히 하는 것이 좋다.

이불을 걷어차고 휴식을 취하는 방법

◆

하루가 다르게 급변하는 일상과 무거운 업무 부담 속에서 오늘을 살아가는 우리는 더 많은 휴식 시간을 갖길 원한다. 많은 이가 휴식이라고 하면 아무 생각 없이 사흘 밤낮 동안 자는 걸 떠올릴 것이다. 하지만 잘 생각해보면, 주중에 5일 동안 일하고 난 다음 주말에 2일을 꼬박 잔다고 해서 돌아오는 월요일을 정말 활기차게 맞이할 수 있을까? 주말 내내 잠을 자고 나면 이불 속이 더 간절해진다. 월요일 출근할 때가 되면 오히려 더 머리가 멍해지고 온몸이 나른해진다.

몸과 마음의 긴장을 풀고 더 나은 상태로 일하기 위해 휴식을 취하지만, 많은 사람이 선택하는 수면 휴식법은 그다지 좋은 효과를 거두지 못한다. 대체 어떻게 쉬어야 잘 쉬었다고 할 수 있을까? 함께 차근차근 알아보자.

왜 수면 휴식 방법이 효과를 거두지 못할까? 수면은 뇌의 회복력보다 체력의 회복력에 더 효과적이기 때문이다. 육체노동을 심하게 하고 난 뒤 충분히 잤다면 우리 몸이 재충전되어 완전한 회복을 누렸을 것이다. 그러나 정신노동이나 감정노동을 했다면 잠을 충분히 자도 여전히 피곤함을 느낄 것이다. 오후 내내 사무실에서 육체적으로 거의 움직이지 않았지만, 뇌세포는 매우 피곤함을 느낄 수 있다. 이때, 정신을 깨우기 위해 '정지' 방법을 계속 사용하는 것은 더 이상 유용하지 않다. 경직된 몸을 움직여 신경을 제대로 풀어줘야 휴식 효과를 볼 수 있다. 업무시간 틈틈이 일어나서 가볍게 움직여주고 퇴근 후에는 달리기 또는 수영을 하면 뇌에 더 많은 산소가 공급되어 다시 에너지를 회복할 수 있다.

과학자들은 연구를 통해 대뇌 피질은 감각영역Sensory Area과 운동영역Motor Area, 이 둘을 연결해주는 연합영역Association Area 세 부분으로 나뉘는데, 어느 한 영역이 움직이기 시작하면 다른 영역이 휴식을 취한다는 사실을 밝혀냈다. 그래서 활동 내용을 바꾸면 뇌의 다양한 영역이 휴식을 취할 수 있게 된다.

금요일에 밤을 새워서 원고를 썼다면, 다음 날 해가 중천에 뜰 때까지 잠을 자기보다는 화분에 물을 주거나 아침 식사를 손수 차려 먹는 것이 좋다. 또 이미 5시간 동안 원고를 썼다면 손 가는 대로 낙서하거나 그림을 그리며 머리를 식히는 것이 좋다. 마치 학교 다닐 때 수학 공부를 하다가 지치면 영어나 국어 공부를 한 것처럼 말이다.

가끔은 변화 없는 무미건조한 삶에 지쳐서 피곤함을 느낄 때도 있다. 휴가 때 집에 틀어박혀 밀린 드라마를 정주행하거나 허리가 아프도록 침대에 누워 있기만 하면 오히려 더 피곤함을 느낀다. 그런데 지금까지 경험하지 못한 새로운 것을 해보면 오히려 더 만족스러울 수 있다.

이때 당신은 이전에 하지 않았던 일을 하면서 삶에 대한 열정을 회복할 수 있다. 점토 공예나 양모 펠트 등 수공예 활동을 하거나, 자기 삶을 다양한 방법으로 기록하거나, 자전거 하이킹을 하면서 전에 보지 못했던 풍경을 감상하자. 이런 것들 모두 최고의 휴식 방법이다.

이불을 걷어차고 밖으로 나오라! 휴식을 취하는 방법을 바꾸면 그동안 상상했던 것보다 세상이 훨씬 더 흥미진진하다는 사실을 깨달을 것이다.

인생의 뿌리부터 바꾸자

◆

도미노 영상을 본 적이 있는지 모르겠다. 수백 수천 개에 달하는 형형색색의 도미노가 정교하게 설계된 위치에 놓여 있다. 첫 번째 도미노가 쓰러지면서 줄줄이 연쇄 반응이 일어나 장관을 이룬다.

상호 연결된 시스템에서는 아주 작은 초기 에너지가 일련의 연쇄 반응을 일으키는 것이 가능한데, 이런 현상을 '도미노 효과Domino Effect'라고 한다.

도미노 효과는 물리적 세계뿐만 아니라 일상생활에서도 존재한다.

어느 주말 새벽, 저절로 눈이 뜨여서 일어났는데 몸도 개운하고 기분도 좋다. 갑자기 새벽 조깅이 하고 싶어져서 밖으로 나가 한참을 달린다. 그렇게 달리고 나서 푸짐한 아침 식사를 준비한다. 배부르게 먹고 설거지까지 마쳤는데, 자꾸 주방 청소에 손이 간다. 문득 며칠째 세탁기 안에 방치된 옷들이 떠올라 빨래를 하기 시작한다. 마지막으로 방과 거실을 대청소하고 나니 비로소 모든 정리가 끝난다. 만약 이와 반대로 전날 밤 드라마를 보다가 새벽이 다 돼서 잠이 들고 다음 날 늦은 오후에 일어났다면 머리도 아프고 눈도 침침했을 것이다. 그 와중에 지저분한 방을 보면 기분이 더 나빠져서 다시 침대로 돌아갈 것이다. 그러고는 휴대전화만 만지작거리며 그렇게 소중한 하루를 날려버릴 것이다.

우리가 하는 전후 행동은 모두 상호 연관이 있다. 행동 하나를 바꿨을 때 이후로 관련 행동의 연쇄 반응이 일어나는 것이 바로 생활 속에서 볼 수 있는 도미노 효과다. 이것은 우리의 긍정적인 습관뿐 아니라 부정적인 습관에도 똑같이 적용된다. 도미노 효과의 원리를 이해했으니, 앞으로 어떻게 삶에 적용할지 알아보자.

첫째, 첫 번째 도미노를 쓰러뜨리듯 가장 하고 싶은 일을 시작으로 작은 행동을 바꾸고 유지한다.

내일 논문 쓰기를 시작하기로 했다면 알람을 맞춰놓고 일찍 자고 일찍 일어난다. 일찍 도서관에 가서 좋은 자리를 잡는다. 모든 조건을 최상의 상태로 만들어놓으면 논문을 쓸 때 열의가 가득 찰 것이다.

둘째, 계속 동기를 부여하고 이루고 싶은 일에 바로 뛰어든다.

첫 번째 목표를 달성하고 난 뒤의 만족감과 동기 부여는 다음 목표를 시작하는 데 많은 도움이 된다. 하루의 일과를 마치고 난 뒤 성취감이 폭발해서 의욕이 넘칠 때는 그 열정을 그대로 살려서 그날의 운동량을 달성한다. 도미노 시스템과 마찬가지로 이전 도미노가 다음 도미노를 안정적으로 정확하게 쓰러뜨려야 연쇄 반응이 계속 일어날 수 있다.

셋째, 결단을 내리지 못할 때는 일을 세분화하여 하나하나 완성해간다.

새로운 습관을 시도할 때는 작은 것부터, 제어할 수 있는 것부터 시작하는 게 좋다. 다이어트를 하고 싶다면 먼저 "이제부터 아무것도 안 먹을 거야"라고 말하기보다 저녁 식사량을 줄이는 것부터 한다. 음식 섭취량을 줄여서 체중감량에 성공한 뒤 받은 격려와 자신감은 체중을 더욱 줄이기 위해 더 많은 운동을 할 충분한 동기 부여가 될 것이다. 도미노 효과는 결과가 아니라 과정에 중점을 둔다. 흘러가는 분위기나 상황이 맞는다면 앞에 있는 도미노는 자동으로 다음 도미노를 쓰러뜨리게 되어 있다.

넷째, 부정적인 행동을 했다면 그것이 다음 행동에 영향을 미치지 않도록 즉시 멈춘다.

피폐한 하루를 보냈다면 밤에 머리를 비우고 잠을 푹 자는 것이 좋다. 그렇게 생활 패턴을 정상 궤도로 돌려놓아야 다음 날 정상적으로 일하거나 공부할 컨디션을 만들 수 있다. 밤새 자책하면서 이리저리 뒤척이느라 잠을 설친다면 다음 날 정상적인 컨디션을 유지할 수 없다.

어디서든 인기인이 되는 방법

◆

누구나 사람들에게 사랑과 관심을 받고 싶어 한다. 그래서 항상 '어디서나 이야기를 나눌 수 있고, 늘 사람들에게 둘러싸여 있고, 존재만으로도 분위기가 살아나는' 동료를 부러워한다. 이처럼 '인기인'이 되는 것은 많은 사람의 내적 바람이라고 할 수 있다. 그러다 보니 많은 이가 타인의 관심을 끌고 자신의 존재감을 드러내고자 매사에 서두르는 잘못된 선택을 하는데, 그렇게 하면 자신에 대한 호감도를 떨어뜨려 오히려 역효과가 날 수 있다. 그렇다면 올바른 방법은 무엇일까?

'인기인'이 된다는 것은 사실 아주 단순하고 주관적인 일이다. 특정 분야의 전문 지식이 있고 '브랜드 효과'를 형성하여 누군가가 필요할 때 바로 당신을 떠올린다면 당신은 인기인이 될 수 있다.

M은 온갖 맛집을 꿰뚫고 있다. 한식이든 일식이든, 가성비가 좋든 가심비가 좋든, 가족 모임 장소이든 회식 모임 장소이든 무엇이든 추천해줄 수 있을 정도로 빠삭해서 같이 있으면 식사 신경 쓸 필요가 없다. 그러니 그는 밥 먹으러 갈 때마다 꼭 필요한 존재이다. 자연히 입소문이 나면서 다른 부서 사람들까지도 그를 찾아온다. 그렇게 그의 사내 인맥은 점점 넓어졌고 지금은 그야말로 유명인사다.

전문 지식이 없다면 어떻게 할까? 그래도 실망할 것 없다. '긍정적인 에너지'로 가득 차 있으면 사람들의 인기를 끌 수 있다. 매일 행복하게 웃는 사람을 싫어하는 사람은 아무도 없다. 미소는 당신의 진심과 긍정적인 에너지를 전해줘서 주변 사람들의 마음을 움직일 수 있다. 매일 인상 쓰거나 무표정한 사람보다 당연히 잘 웃는 사람이 더 환영받게 마련이다.

외모에도 신경을 써야 한다. 잘 생각해보라. 외모가 단정하고 너그러운 사람에게 더 잘 끌리지 않던가. 편안하고 아름다워 보이는 것들은 항상 우리를 편안하게 해줘서 나쁜 감정을 들게 하지 않는다. 마찬가지로 단정하고 호탕한 사람은 당연히 동료들 사이에서 '환영받을' 가능성이 클 수밖에 없다.

칭찬하는 방법을 배우는 것도 인기인이 되는 방법 중 하나다. 인간은 허영심을 가진 동물이기에 인정과 더불어 칭찬하는 말을 듣고 싶어 한다. 리더이든, 동료이든, 고객이든 당신이 한 칭찬 하나로 상대방이 마음을 연다면 당신은 환영받을 수밖에 없다. 물론 이것은 피상적인 칭찬에 그치는 게 아니라 행동 하나하나에 진심을 담아야 한다. 예컨대 "정말 글을 잘 쓰네요" 하는 말보다 "저번에 신문에 실린 글 너무 좋네요" 하는 구체적인 말이 훨씬 좋다. 이는 상대에게 정말 관심이 있음을 보여주는 것이기 때문이다.

인기인이 되는 데 가장 중요한 것은 진심이다. 모든 행동은 이 진심에서 비롯되어야 한다. 80~90대 어르신이든 이제 막 걸음마를 배우는 어린아이이든 함께 일하는 동료이든 간에 그들 또한 사랑이 넘치기 때문에 누군가의 진심 어린 관심을 받으면 감동하며 그대로 돌려줄 것이다.

신뢰할 수 있는 사람이 되는 방법

♦

누구나 신뢰도가 높은 사람이 되길 바란다. 신뢰도가 높은 사람은 믿음직한 만큼 자신감도 넘치고 긍정적인 에너지를 발산한다. 그러니 빈번히 긍정적인 성과를 끌어낸다.

지금 당신은 어떤가? 신뢰할 수 있는 사람인가? 아니면 그런 사람이 되고자 노력하고 있는가? 사실, 신뢰할 수 있는 사람이 되는 일은 그리 어렵지 않다. 어떤 소양이 필요한지 같이 살펴보자.

첫째, 자신의 약점을 내려놓을 줄 안다.

'금에는 순금이 없고, 사람은 완벽한 사람이 없다(金無足赤, 人無完人).'

이 말에 담긴 의미는 무엇일까? 거의 모든 상황에서 사람들은 타인에게 진중하고 유능하고 세련된 모습을 보여주려 애쓴다. 하지만 우리가 간과하는 것이 있다. 어리숙해 보이는 사람이 의외의 결과를 얻게 된다는 사실! 우리는 완전무결한 '신'보다는 약간의 단점을 가진 '사람'에게 더 친근함을 느낀다. 완벽하게 보이려고 할수록 사람들은 위선적이라고 느끼는 경우가 더 많다. 작은 단점이라도 적절하게 드러내면 오히려 더 진정성 있고 친근하다고 느낄지 모른다. 물론 이기심이나 충동 성향 같은 치명적 약점을 드러내는 것은 또 다른 차원의 이야기다.

둘째, 실수를 과감히 인정하여 더 많은 사람의 신뢰를 얻는다.

당신이 업무 실수를 했다면 숨기지 말고 적극적으로 그 잘못을 인정하자. 실수를 은폐하거나 책임을 회피하면 반감을 살뿐더러 당신의 인격을 의심할 것이다. 실수는 사라지지 않는다. 모두가 보고 있기에 차라리 깔끔하게 인정하면 당신의 솔직하고 시원스러운 면을 부각할 수 있을뿐더러 오히려 더 신뢰감을 줄 수 있다. 물론 잘못을 인정하는 것만으로는 부족하다. 잘못을 인정한 후 이를 보완하는 조치가 뒤따라야 한다. 문제가 어디서 발생했는지, 누구에게 도움을 구해야 하는지 파악한 다음 더 정확하게 일을 처리하여 실수로 말미암은 손실을 만회해야 한다. 이런 행동에는 당신의 긴급한 상황에 대한 대처 능력이 어느 정도 반영된다.

셋째, 말투와 말하는 속도를 조절해서 다른 사람에게 좋은 인상을 준다.

말투와 말하는 속도를 조절함으로써 당신의 저력과 자신감을 충분히 보여줄 수 있다. 말을 빨리하여 다른 사람의 반박을 차단함으로써 신뢰감을 얻을 거라고 생각하는데, 사실은 그 반대다. 적당한 속도로 말해야 당신의 의견을 더 정확히 전달할 수 있고 또 그래야 신뢰감을 줄 수 있다.

신뢰는 상호 작용으로 이루어지는 것이다. 따라서 상대방이 자신을 신뢰할 만하다고 생각하기 전에 먼저 상대를 신뢰해야 한다. 아무도 거만한 사람을 믿고 싶어 하지 않는다. 상대에게 믿음을 줄 정도의 패기를 가진 사람이라면 타인을 기꺼이 믿고 따르는 기질도 가졌을 것이다. 신뢰할 수 있는 사람이 된다면 우리는 좀 더 수월하게 성공할 것이다.

단정하고 진지한 인생

◆

힘든 일과를 마치고 사무실을 나서는 순간, 일 생각을 내던지고 그저 실컷 놀고 싶다. 그래야 빡빡한 직장생활의 스트레스를 날려버릴 수 있을 것 같다.

하지만 생각과 현실은 따로 가는 법. 업무를 대하듯 진지한 마음으로 휴식 시간을 계획하는 사람이 적지 않다. 운동은 언제 할지, 영화는 언제 볼지, 게임은 언제 할지 분 단위로 나눠 계획하고 움직인다! 많은 사람이 업무상 스케줄을 소화해내는 것만으로도 이미 지치는데, 휴식 시간까지 이렇게 꼼꼼히 짤 필요가 있을까 하는 의문이 들 것이다. 어쩌면 말도 안 되는 일이라고 생각할지 모르겠다.

직장에서 업무 스케줄을 짜는 방식으로 일상의 계획을 세우는 일이 어리석은 짓처럼 보이지만, 이렇게 해야 전방위

적 시간관리가 가능해지고 나아가 일과 삶의 불균형을 개선할 수 있다. 우리는 일상생활을 일에 임하는 태도로 대해야 한다. 그래야만 일과 생활의 진정한 균형을 맞출 수 있다.

먼저 우리 삶에 아무런 계획이 없으면 우리가 모르는 사이에 일이 휴식 시간을 침범할 수 있다. 심리학자들은 직장 내 사람들의 행동을 관찰하여 '계획의 오류'라는 현상을 찾아냈다. 이것은 자신의 업무효율은 과대평가하면서 실제 업무에 필요한 시간은 과소평가하는 경향을 말한다. 계획을 세울 때 일하는 시간만 생각하고 휴식 시간을 고려하지 않는다면 실제로 일하는 시간이 슬금슬금 연장되어 휴식 시간은 침해될 수 있다. 일과 사생활이 균형을 이루지 못하면 갖가지 귀찮은 일이 따르는데, 정신적 스트레스가 심해지고 집안일이 산더미처럼 쌓여 있어도 할 시간이 없을 정도가 된다. 그렇게 살아가는 우리 상태도 당연히 좋지 않을 것이다.

계획을 잘 세워두면 일하지 않아도 될 때 아무런 목적 없이 쉬거나 아무렇게나 자신을 괴롭히는 것을 막을 수 있다. 내일이 주말이라 아침 일찍 출근할 필요가 없으니, 오늘 밤에 아무런 부담 없이 밤새워 게임을 하다가 새벽에 잠이 들어도 된다? 우리는 마음대로 긴장을 풀고 싶은 마음을 억누를 수 없다. 그러나 이런 식의 무계획 휴식은 오히려 건강에 좋지 않다.

주말 내내 집에 있으면서 아무것도 하지 않고 빈둥거리며 시간을 보낸 뒤, 나중에 그 주말을 떠올리면 대체 무슨 일을 했는지조차 생각나지 않는다. 휴식 시간을 통해 충분한 만족감을 느껴야 한다. 그렇게 해야 새로운 에너지를 충전한 채로 업무 복귀를 할 수 있다.

자율은 사람을 자유롭게 한다. 업무계획을 잘 세우는 것만큼 생활계획도 잘 세워야 한다. 질서정연하게 생활의 모든 영역을 제어할 때, 지금보다 훨씬 더 행복한 삶을 살 수 있을 것이다.

다른 사람의 인생을 되풀이하지 말자

◆

나뭇잎에 바람만 스쳐도 혹시 그 사람이 사랑하지 않을까 봐 전전긍긍한다. 항상 다른 사람에게 무시당하는 느낌을 받지만, 무시한다고 생각되는 사람에게 물어보면 오히려 그는 놀라서 전혀 무시하지 않는다고 말한다. 당신은 어떤가? 지금 불안감에 휩싸여 있는가?

이렇게 민감하고 불안한 이유는 어린 시절 어머니와의 관계에서 결핍된 것이 반복되는 경험 때문일 수 있다. 많은 여자아이가 자라면서 외모에 대해 가장 많이 듣는 말은 "엄마랑 똑 닮았구나"이다. 여기에는 강력한 유전자가 작용하고 있다. 그리고 성인이 된 후에 다른 사람을 대하는 방식은 어머니의 관계에서 습득한 방식을 반복할 가능성이 크다.

반복되는 첫 번째 방식은 어렸을 때 받았던 것과 같은 방식으로 다른 사람을 대하는 것이다.

'얼음공주'라고 불리는 Y가 있다. 남들이 부러워할 만한 예쁜 외모를 가진 그녀는 모든 것에 별로 관심이 없고 대체로 차가운 편이다. 그녀의 전 남자 친구가 하소연할 정도이다.

"Y랑 있으면 연애를 하는 건지 잘 모르겠어. 원맨쇼를 하는 것 같다니까!"

나중에 알고 보니 Y의 부모님은 금슬이 너무 좋았는데, Y가 태어난 뒤에도 여전히 끈끈한 부부애를 과시했다. 어머니에게는 남편이 우선이기에 Y는 항상 뒷전이었다. Y는 어느새 천덕꾸러기가 되었고, 그런 감정에 이미 익숙해진 지 오래였다. 그래서 성인이 된 후에도 애인에게 충분히 사랑을 표현하지 못했다.

반복되는 두 번째 방식은 어렸을 때 받지 못했던 것을 커서 보상받는 것이다.

연애하면서도 안정감을 느끼지 못하는 사람 대부분은 이 같은 경우다. 성인이 되면, 애인이 어머니 대신 가장 가까운 사이로 대체되기 때문에 어릴 때 안정감을 느끼지 못했다면 자연히 애인에게 위로받으려고 한다.

반복되는 세 번째 방식은 결핍을 반복적으로 경험하는 것이다.

이런 현상은 사실 우리 일상 곳곳에 숨어 있다. 예컨대 룸메이트가 당신은 부르지 않고 다른 친구와 밥을 먹으러 간다면, 당신은 무시당하고 있다고 생각할 것이다. 분명 그 사람이 일부러 그런 것은 아닌데, 자신이 무시당하고 인정받지 못한다는 익숙한 느낌 때문에 그렇게 반응하는 것이다.

이런 얘기를 하는 이유는 일부 어머니의 자녀교육 방식을 탓하려는 것이 아니다. 이는 누구에게나 얼마든지 일어날 수 있는 일이다. 어머니가 성인聖人은 아니기 때문에 우리에게 미치는 나쁜 영향까지 완벽히 차단할 수 없다. 결국 우리 자신의 노력으로 이러한 영향력을 약화해야 한다. 우리가 해야 할 일은 재건이다. 나에 관한 생각과 다른 사람과의 관계를 다시 세우는 것이다.

사귀는 사람에게 사랑받고 있다는 느낌이 부족하다 느낀다면 자기 자신에게 주의를 기울이고 '나는 사랑받을 만한 존재'임을 믿어야 한다. 마음속에 자신에 대한 확신이 서면 자연스럽게 자신을 받아들이고 인정할 것이다.

어렸을 때 그저 방치된 방식으로 다른 사람을 대하고 있음을 깨달았다면, 친구이든 연인이든 그 사람이 당신을 대하는 호감의 태도로 그에게 관심을 갖고 사랑을 쏟아보자.

어린 시절, 많은 스트레스를 받거나 계속 비판받거나 부정적인 경험을 한 사람도 있을 것이다. 이러한 감정과 경험으로 다른 사람을 대했다면, 이제는 다른 방식으로 대해보자. 그러면 서로 다른 방식이 가져다주는 장단점을 경험할 것이다. 그동안 드리웠던 어두운 그림자에서 걸어 나올 수도 있을 것이다.

결국 자기 믿음이 중요하다. 자신을 믿는다면 얼마든지 자신을 치유할 수 있다.

못 먹는 포도가 달다

◆

춘추전국 시대, 진晉나라의 중이重耳와 소백小白이 왕권을 다투고 있을 때였다. 포숙아鮑叔牙는 중이를 보필했고 관중管仲은 소백의 책사 역할을 했다. 결국 중이가 긴 망명생활을 마치고 마침내 제齊나라의 왕위(문공, 文公)에 올랐다. 중이가 포숙아를 재상의 자리에 앉히려 했지만 거절의 뜻을 내비치며 말했다.

"공자께서 제나라만 통치하신다면 소인을 재상으로 삼으셔도 되지만, 천하를 통치하시려면 관중을 재상으로 삼으시는 게 마땅한 듯하옵니다."

결국 포숙아의 적극적인 추천으로 중이는 관중을 재상으로 삼아 제나라의 패업霸業을 이루었다.

왜 포숙아는 이기적인 행동을 하지 않은 것일까?

'먹지 못하는 포도가 입에 달다.'

포숙아는 관중보다 재능이 뛰어나지는 않았지만, 관중의 장점과 강점을 제대로 알아보고 강권했다. 그 덕에 후대의 존경을 받아 역사에 이름을 남기게 됐다.

사실 우리는 재능이 부족해서 관중이 되기 어렵다. 또한 나보다 뛰어난 사람이나 다른 사람의 장점을 잘 발견하지 못하고, 그들의 성과에 대해 칭찬할 줄을 모르기 때문에 포숙아가 되기도 어렵다.

간단한 예를 하나 들어보자. 같이 일하는 동료의 일 처리 능력이 매우 뛰어난 것을 보면 그들이 주제넘게 나서는 것을 좋아한다고 생각하지 않는가? 누군가가 당신을 도와주려고 하면 무슨 대가를 바라고 하는 건 아닐까 생각하지 않는가? 다른 사람이 이룬 성과를 보면 '못 먹는 감 찔러나 본다'는 식으로 거들떠보지 않을 것이다. 사실 이것은 우리가 선호하는 방식은 아니다. 그렇다면 어떻게 해야 다른 사람의 장점과 성과를 자연스럽게 받아들일 수 있을까?

우리는 깨달아야 한다. 그들의 성과는 땀의 대가로 얻은 것이며, 노력한 사람은 그만큼의 보상을 받아야 한다는 사실을 말이다. 물론 인정과 더불어 자기반성도 필요하다.

'그가 무엇을 했지? 그가 해낸 일 중 내가 미처 하지 못한

것은 무엇일까?'

고민해보고 겸손하게 상대방의 장점을 배우자.

다른 사람의 노력이 결코 쉽게 이루어진 것이 아니고, 다른 사람이 우리보다 훨씬 낫다는 사실을 인정하는 경우가 많다. 하지만 칭찬의 말은 좀처럼 쉽게 나오지 않는다. 그 이유는 무엇일까? 자신감이 부족하기 때문이다. 자신이 남보다 못하다는 생각에 열등감이 생기고 다른 사람을 응원해줄 만한 용기도 없다.

자신감이 부족한 데에는 여러 이유가 있는데, 성격과 깊은 관련이 있다. 내성적인 사람은 자신이 생각하는 것을 다른 사람에게 직접적으로 말하지 않는다. 자율적인 사람은 자신이 타인보다 우위에 있다고 생각하기에 상대방을 칭찬할 필요를 느끼지 못한다. 또 자신이 칭찬해도 상대방에게 받아들여지지 않을 거라고 생각하거나 혹시 자신이 상대방의 비위를 맞추는 사람으로 보일까 봐 걱정하는 사람도 있다. 이렇게 다른 사람을 칭찬하는 법을 배울 기회를 놓쳤을 뿐만 아니라 열등감과 위축된 심리를 버릴 기회도 잃어버렸다.

농구 황제 마이클 조던Michael Jordan은 동료 스카티 피펜Scottie Pippen이 자신보다 3점 슛은 물론 덩크 슛도 한 수 위라고 항상 칭찬했다. 피펜이 조던의 기량을 넘어설 가능성이 가장 큰 신인 선수였음에도 조던이 그에게 아낌없는 칭찬을 보낼 수 있었던 것은 조던에겐 스스로 도전할 용기와 충분한 자신감이 있었기 때문이다.

같은 맥락으로, 인생을 살면서 호적수를 만난다면 비록 적대관계일지라도 같은 운명에 처하면 서로 돕고 협력하는 '오월동주吳越同舟'의 전략을 취해야 한다. 그렇게 상대의 장점과 강점을 칭찬하고 함께 분발하며 같은 수준을 유지하도록 노력해야 하는 것이다.

프랭클린Benjamin Franklin은 '일과 사회에서 좋은 태도를 갖는 것은 매우 중요하다'고 했다. 누구나 일류가 되길 원할 뿐더러 다른 사람에게 칭찬받고 싶어 한다. 지금부터라도 고상한 사람이 되어 당신과 경쟁하는 친구와 동료에게 진심으로 칭찬해보자.

PART 4

마음을 지키고 가장 강한 내가 된다

살아가는 동안 현실과 내면의 갈등은 결코 피할 수 없다. 그러나 자기 자신을 정확히 파악하고 현실을 제대로 바라본다면 갈등은 충분히 해결할 수 있다. 물론 우리도 그만큼 성장할 것이다.

당신의 정신건강은 안녕한가?

◆

오늘날 남성, 여성 할 것 없이 기대역할이 커지면서 부담감 또한 늘어나고 있다. 사회생활과 더불어 양육 및 온갖 집안일까지 챙기다 보니 스트레스가 이만저만이 아니다. 지금 당신의 정신건강 상태는 어떠한가? 다음 세 가지 항목을 따라가며 자신의 심리상태를 점검해보자.

첫째, 정신건강을 유지한다.

정신건강이 제대로 유지되고 있는지 확인하는 첫 번째 사항은 정상적인 감정이다. 우리는 상실을 경험하면 마음이 아프고, 오해받으면 화가 난다. 지극히 정상적인 반응이다. 하지만 상처를 받고도 아무렇지 않고 어떤 것에도 흥미를 느끼지 못하는 무감각 상태라면 주의가 필요하다. 자신이 의심스러울 때는 이미 건강하지 않은 상태일 수 있다. 이럴 때일수록 흥밋거리를 찾거나 사람을 만나 마음 터놓고 이야기를 나누는 것이 좋다. 그러다 보면 자신의 정서적 문제가 무엇인지 발견할 수 있다.

정신건강이 제대로 유지되고 있는지 확인하는 첫 번째 사항은 안정적인 감정이다. 인간은 감정적 동물이므로 환경 변화에 따라 감정이 변하고 흔들리게 마련이다. 다만, 여기서 주의해야 할 것은 감정 기복이 적당한 수준에 머물러야 한다는 점이다. 장기간 분노와 슬픔에 노출되어 있었다면 정신건강뿐 아니라 신체건강에도 영향을 미칠 수 있다. 자신의 감정이 통제되지 않는다고 느낀다면, 이러한 심리적 에너지를 신체적 에너지로 바꾸어 방출할 것을 추천한다. 예컨대 온몸이 땀에 흥건할 정도로 달리거나 샌드백을 사정없이 두드리거나 등산을 하는 것이다. 그 목적은 마음속에 쌓인 불쾌한 감정들을 내보내는 데 있다.

둘째, 좋은 인간관계를 유지한다.

어떻게 하면 좋은 인간관계를 유지할 수 있을까? 인간관계가 좋은 사람 대부분은 적극적으로 사회 활동에 참여하려는 의지를 보인다. 감정을 잘 드러내지 않는 내성적인 사람은 자발적으로 참여하지 않을 수 있지만, 사회 활동을 거부하거나 사람들과의 접촉을 꺼리는 정도가 아니라면 크게 걱정할 필요는 없다. 또 자신과 다른 사람을 객관적이고 공정하게 평가할 수 있다. 이 영역이 결핍된 사람은 자신감도 떨어지기 때문에 다른 사람을 질투하거나 공격할 가능성이 있다. 자신과 세상에 대한 인식의 균형이 맞지 않으면 편협한 생각에 빠지기 쉽다. 자신에게 집중하고 자신을 받아들여야 온전히 자신감을 회복할 수 있다.

셋째, 건강한 사회 적응력을 키운다.

사회 적응력은 사회에 융합되고 사회를 수용하는 능력이다. 환경이 변하면 사람들은 약간의 불편감을 느낀다. 그러나 건강한 사람은 뛰어난 사회 적응력으로 새로운 환경에 빠르게 적응하며 자신의 위치를 재설정한다. 당신이 새로운 환경에 들어가서 오랫동안 불안해하고 제대로 업무를 수행하지 못한다면 부적응 증상이 나타나기 시작한 것이라 할 수 있다. 이때 새로운 환경에서 벗어날 수 없고 환경을 바꾸는 것도 불가능한 경우가 많다. 그러니 새 친구를 사귀거나 그들의 활동에 참여하고 또 다른 관심사를 찾는 등 새로운 환경에 적응하는 노력을 과감히 해야 한다. 낯선 길이 눈앞에 펼쳐졌을지라도 지레 겁먹지 말자. 고개를 들고 적극적으로 나아가다 보면 어느새 더 나아진 자신이 걸어가고 있을 것이다.

자기 연민이 죄인가?

◆

많은 이가 인간관계를 유지하는 데 많은 에너지를 쓰면서도 정작 자기 자신과의 관계를 등한시한다. 무라카미 하루키Murakami Haruki의 소설 《노르웨이의 숲》에는 이런 문장이 나온다.

'절대 자기 연민에 빠지지 마라. 자기 연민은 비열한 겁쟁이들이나 하는 짓이다.'

이 말에는 이런 의미가 녹아 있다. 고난과 좌절에 부딪혔을 때 자기 연민에 빠지는 것은 현실을 외면하고 책임을 회피하는 기준 이하의 자기 방종인데, 자기 연민이야말로 자신의 모든 것을 망가뜨리는 행위라고.

정말로 자기 연민은 자신을 망가뜨리는 행위일까? 절대로 자기 연민에 빠져서는 안 되는 것일까? 사실 우리 모두는

'자기 연민'을 배워야 한다.

자기 연민은 심리학자 크리스틴 네프Kristin Neff가 주장한 개념으로, '자신을 가장 친한 친구처럼 친절하고 관대하게, 그리고 사랑으로 대해야 한다'는 것을 의미한다.

요컨대 자기 연민은 자신을 전적으로 수용하며 선대善待하는 태도다. 자기 연민은 'no judgment'의 자세로 자신을 대하게 하고 자신의 부정적 감정 억제 없이 과장하지 않도록 함으로써 고통스러운 생각과 감정을 비교적 담담히 받아들이게 한다.

불행한 일이 생길 때마다 무의식적으로 자신을 비난하고 비판하는가? 그렇다면 자신과의 관계 개선이 꼭 필요하다. 아래 방법을 참고하면 도움 될 것이다.

첫째, 자신에게 가혹했던 순간을 인식한다.

시험을 망쳤을 때 멍청하다며 깊은 열등감에 빠진다. 주변 사람과 말다툼했을 때 모두 자기 때문에 벌어진 일이라며 자책감에 휩싸인다. 일이 잘 안 풀렸을 때 자신은 정말 쓸모없다며 끝없이 자기학대를 한다.

당신은 어떤가? 당신 자신에게 화풀이하거나 불쾌한 말을 자주 쏟아내는가? 좌절했을 때 자주 자신을 책망하는가?

어느 정도의 부정적 생각이 우리 행동을 조절하는 데 도움될 수 있지만, 기본적으로 익益보다 손損이 더 크다. 말하자면 좌절감을 가져다주는 경우가 더 많은 것이다. 그래서 개선 노력이 필요하다. 지나친 자기비판을 인식하는 것이 변화의 첫걸음이다.

둘째, 자신의 생각을 받아들인다.

자신이 한 실수를 떨쳐내지 못한 채 그것을 계속 떠올리면 결국 자책감에 갇힐 것이다. 잠 못 이루도록 계속 그런 상태라면 생각하는 행위 자체를 멈춰야 하지 싶다. 하지만 생각 자체를 멈추려고 할수록 머릿속에서 맴도는 것은 더 활성화되니, 더욱더 제어하기 힘들어진다.

자기 연민이 강한 사람은 한 발짝 물러나 머릿속에서 자신을 불안하게 하는 모든 생각의 공간을 마련해두고 그것이 자연스럽게 드나들 수 있도록 한다. 설령 그것이 자신을 고통스럽게 할지라도 말이다. 부정적인 생각을 긍정적 생각으로 대체하여 자기 변론을 하도록 한다.

많은 이가 일을 제대로 해내지 못하면 스스로 바보 같다며 끊임없이 자신을 탓하고 부정한다. 하지만 관점을 바꿔서 보면, 실패에는 나름대로 구체적인 원인이 있기에 노력하면 개선할 수 있다. 그 노력의 핵심은 자기 연민이다. 자기 연민을 제대로 이해한다면 자신의 생각을 받아들이고 긍정적인 방향으로 발전해 나아갈 것이다.

셋째, 긍정적인 자기암시를 한다.

자신을 격려하고 인정해주자. 예컨대 '이번에 내 기획이 무산됐지만, 기획 회의에서 날 어필했으니 괜찮아' 하는 식으로 자신에게 말해주는 것이다. 이러한 긍정적 자기암시는 자신을 더 잘 느끼고 다시 살아갈 용기를 북돋워줄 것이다.

예민함은 무죄

♦

"아이고, 그런 게 아니라 내가 너무 예민해서 그래."

"내가 너무 예민했어. 미안해."

이런 식의 말을 많이 들어봤을 것이다. 누구나 '예민함'이라는 단어를 부정적인 시각으로 바라보고, 그걸 자기 행동을 수식하는 데 사용하면서 부끄러움을 느낀다. 예민하다는 게 무엇인가? '예민하다'라는 것이 과연 부정적이기만 할까?

우리는 자신 혹은 다른 사람에게 "예민하다"고 말하기 전에 먼저 예민한 사람이 갖는 특성을 제대로 파악해야 한다. 성격적으로 봤을 때 예민한 것이 좋다고는 할 수 없지만, 그렇다고 무조건 나쁘다고 말할 순 없다.

예민한 사람은 세부 사항의 인식 능력이 뛰어나지만 외로움을 잘 느끼는 편이다. 그들은 다른 사람이 특별히 관심을 갖지 않으면 모르는 사소한 부분까지도 주의를 기울이며 대체로 거의 다 기억하고 있다. 그러나 이런 초인적 능력 뒤에는 초인적인 외로움이 있다. 그들은 다른 사람들이 대수롭지 않게 여기는 부분까지도 항상 신경 쓴다. 겉으로는 제멋대로 행동하는 것처럼 보이지만 내면은 매 순간 고통과 슬픔으로 뒤엉켜 있다.

사소한 부분까지 관찰하는 능력 덕분에 예민한 사람들은 공감 능력도 뛰어나다. 그들은 다른 사람의 고통과 속마음을 더 쉽게 이해한다. 그들은 따뜻한 마음, 배려하는 마음으로 사람을 대하기에 진실한 친구가 많은 편이다. 그러나 다른 한편으로, 다른 사람의 정서적 방해에 더 취약하기에 친구를 대신해서 마음 아파할뿐더러 지나치게 몰입하여 불평한다. 그만큼 타인의 영향을 많이 받는다. 평소 생각과 행동에서도 다른 사람의 감정 상태를 자신이 느끼는 것보다 더 중시한다.

사실, 예민함을 부정적 의미로만 확장할 필요는 없다. 예민함에는 정확하고 합리적인 길을 안내해주는 속성이 있기 때문이다. 따라서 지금 필요한 것은 예민함의 단점을 보완하고 장점을 최대한 활용할 방법이다.

무엇이든 부정적인 면을 긍정적인 면으로 바꾸는 법을 배워야 한다. 예민한 사람들은 확실히 사물의 부정적인 면에 더 관심을 갖는다. 그러나 예민함에도 부정적인 면만 있는 것이 아니듯, 예민한 사람 또한 마찬가지다. 그들은 섬세하고 배려심이 깊어 다른 사람의 감정에 더 관심을 가져주고 공감할 줄 안다. 그래서 사람들로 하여금 따뜻함과 선의를 느끼게 한다. 또한 그들의 예리한 관찰력과 공감 능력은 일의 완성도를 높여준다.

우리가 해야 할 일은 이런 긍정적인 면을 끊임없이 상기하는 동시에 인정하고 활용하는 법을 배우는 것이다. 이렇게 긍정적인 정보를 강화하고 스스로 긍정적 암시를 해야 예민하면서도 밝은 사람이 될 수 있다.

예민한 사람들은 기본적으로 걱정이 많은 편이다. 그들은 세부적인 것까지도 관심을 갖기 때문에 생각을 많이 할 수밖에 없다. 그러다 보니 그들은 자주 "정말 나도 내가 통제가 안 돼" 하고 불평한다. 이럴 때는 신경 쓰이는 상황을 긍정적으로 분석해야 한다. 모든 일이 일어나는 데에는 그만한 이유가 있음을 이해할 때 마음이 편안해질 것이다.

예민함의 장점인 '사람을 잘 이해하고 공감하는 능력'을 어떻게 효과적으로 활용할 수 있을까? 이를 위해 타인의 감정을 잘 포착하고 그 상대의 감정 표현을 합리적으로 받아

줘야 한다. 예컨대 예민한 사람은 상대의 말 한마디, 사소한 행동 하나에도 적절히 대응하며 마음을 움직일 말을 한다. 이런 감각이 사람들의 마음을 열게 해준다.

예민함, 그 자체는 무죄다. 지금도 예민한 성격을 부정하고 있다면 생각을 바꾸자. 예민한 기질의 특성을 잘 이용한다면 오히려 직장 등 실생활을 하는 데 요긴한 필살기가 될 것이다.

불행에 대처하는 방법

◆

50년 동안 연극 무대에서 활동해온 배우가 71세 때 갑자기 파산했다. 더 불행한 건 배를 타다가 넘어졌는데 다리를 절단해야 할 정도로 크게 다쳤다. 수술 당일, 그녀는 극 중 대사를 큰 소리로 읊었다. 곁에 있던 사람이 그녀에게 스스로 위로하고 있는 건지 물었다. 그녀가 대답했다.

"아니요, 전 지금 의사 선생님과 간호사 선생님을 위로하고 있는 거예요. 너무 고생이 많으십니다."

그 후로도 그녀는 세계 각지를 돌며 10년 넘게 배우 활동을 했다.

엄청난 파산과 심각한 부상 모두 너무 불행한 일이었지만, 그녀는 매우 담담하게 받아들였다. 그녀가 침착하면서도 낙관적인 태도를 보일 수 있었던 것은 그녀의 강한 심리회복력 덕분이다. 그 회복력으로 그녀는 자신에게 닥친 불행을 극복하며 다른 사람을 위로하는 여유까지 누릴 수 있었다.

심리학에서의 '회복력'은 역경이나 스트레스에 적극적으로 대처하고 시련을 견뎌낼 능력을 의미한다. '탄성' 또는 '회복 탄력성'이라고도 한다. 회복력을 가진 사람은 역경 속에서도 회복하고 더 나아가 자신을 한 단계 발전시킨다. 불행한 상황임에도 여전히 자신의 일을 고수하며 현실과 싸운다.

심리회복력은 쾌활하고 낙천적이며 독립적이고 긍정적인 자신의 특성에서 비롯된다. 또한 가족과 친구, 좋은 인간관계 등을 통해서 비롯된다. 그런 만큼 '회복력'은 하루아침에 이뤄지는 것이 아니라 어느 정도의 시간이 필요하다.

그렇다면 어떻게 평정심을 갖고 온갖 불행에 대처하면서 심리회복력을 키워나갈 수 있을까?

첫째, 일상의 불확실성을 견디는 법을 배운다.

우리는 모두 삶 곳곳에서 '서프라이즈'를 경험하며 일상의 불확실성에 직면하곤 한다. 우리는 불행 앞에서 두 눈을 가린 채 아무 일도 일어나지 않은 척하며 현실 도피를 한다. 그런데 갑자기 들이닥치곤 하는 불행을 언제까지나 두려워할 순 없는 노릇이다. 결국 자기만의 내성을 키워야 한다. 일상에서 자신을 위한 올바른 방향을 찾고, 계속 목표를 추구하며, '목표에 이를 때까지 절대 포기하지 않겠다'는 정신을 길러야 한다. 그렇게 내성을 키우는 동안 필연적으로 스트레스에 직면할 텐데, 당연히 적절하게 해소하는 법도 찾아가야 한다.

둘째, 불행을 자기 성장의 기회로 삼는 법을 배운다.

우리는 자신이 겪은 불행을 부정적인 측면에서 바라보는 데 익숙하다. 그래서 갑자기 병에 걸릴라치면 하나같이 "내가 왜 이런 병에 걸린 걸까? 완전히 망했네, 망했어. 이보다 절망적일 수가 없어!"라고 말하는 것이다. 물론 안타까운 일이지만, 그렇다고 인생이 끝났다고 어떻게 장담할 수 있겠는가?

불행 뒤에는 행운이 따르게 마련이다. 그 병으로 말미암아 가족과 친구들의 진심을 확인하고 무작정 내달리기만 한 어리석은 자신을 깨달을 수도 있는데, 이런 자각 또한 자기 성장의 일부분이 된다. 긍정적 시각으로 불행을 해석하고자 노력하면 인생의 또 다른 기쁨을 발견할 것이다.

지금의 '불행이 너무 많은 상황'은 곧 '행운이 너무 많은 상황'으로 뒤바뀔 것이다. 어차피 우리는 운이 좋다. 모든 불행이 더 나은 자아로 만들어줄 것이기 때문이다.

불면증에 시달리는 당신

♦

어떤 일로 말미암은 실망과 불안감이 뒤엉키면 '불면증'이 유발된다. 오늘날 사회가 급속도로 발전하면서 불면증도 점점 흔한 증상이 되었다. 과연 불면증이란 무엇일까? 또 그것을 어떻게 대비해야 할까? 지금부터 함께 살펴보자.

많은 이가 '불면증'에 대해 말할 때 "며칠 동안 계속 꿈을 꾸는데, 자고 일어나면 제대로 잔 것 같지 않다"라고 한다. 인간 수면을 연구한 심리학자들에 따르면, 숙면 시 안구가 급속히 움직이는 렘수면Rapid Eye Movement Sleep 단계에 들어가는데, 대부분 단계에서 우리는 생생한 꿈을 꾼다고 한다. 렘수면 단계를 매일 밤 여러 번 경험하는 우리는 꿈을 꾸긴 하는데, 다만 잠에서 깼을 때 기억하지 못할 뿐이다.

흔히 말하는 불면증은 지속시간에 따라 세 가지로 나뉘는데, 일시적 불면증Transient Insomnia, 단기 불면증Short-term Insomnia, 만성 불면증Chronic Insomnia으로 나뉜다. 이 중 일시적 불면증은 며칠간 지속되는 가장 보편적인 것이다. 중요한 시험을 앞두고 스트레스를 많이 받으면 좀처럼 잠들지 못하는 식이다. 다음은 이런 상황에 도움 될 팁이다.

첫째, 불면증에 대해 너무 걱정하지 않는다.

사실 불면증을 두려워할 필요는 없다. 우리가 신경 써야 할 것은 불면증으로 말미암은 예기불안Anticipatory Anxiety이다. 그렇게 큰일이 아닌데, 많은 사람이 불면증이 건강을 해친다는 걱정에 잠자리에서 '빨리 자야지' 하는 강박감을 가진다. 이런 생각이 머릿속을 맴돌면 오히려 신경이 곤두서서 잠을 이루지 못하고 결국 불면증 때문에 밤잠을 설친다. 많은 단기 불면증이 이렇게 나타난다.

정말 잠이 오지 않는다면 차라리 '잠을 못 자도 상관없다'는 마음으로 잠자리에서 일어나 끝내지 못한 일을 하거나 창밖의 달을 올려다보며 사색에 잠기는 것이 낫다. 그렇게 마음이 진정되고 긴장이 풀리다 보면 자연히 졸음이 밀려올 것이다.

둘째, 수면을 방해하는 문제를 근본적으로 해결한다.

불안감은 스스로 통제할 수 없음을 깨달을 때 나타난다. 일 문제로 수면을 방해하는 경우가 많다면, 세부적인 일정표를 만들어서 해야 할 일을 정해진 시간에 처리한다. 그렇게 하면 매일 자신감이 생겨서 불안감을 점점 극복할 것이다.

한편, 단기 불면증의 지속 기간은 일시적 불면증보다 최대 3주 정도 길다. 일시적 불면증이 완벽하게 치유되지 않아서 그 후로도 같은 고통 속에 살아간다. 그럼에도 함부로 수면제를 먹으면 안 된다. 일단 수면제의 힘을 빌려 잠을 청하면, 이내 의존도가 높아지고 불면증은 점점 더 심각해질 수 있다.

만성 불면증은 종종 외상 때문에 발생하거나 기질적 요인, 즉 뇌에 문제가 발생했을 때 나타난다. 한 달 이상 불면증을 앓을뿐더러 수면제를 복용해야만 잠들 수 있는 상태라면 먼저 전문의의 조언 및 처방은 물론 심리전문가와의 상담도 진행할 것을 권한다.

바쁘다는 핑계는 그만!

◆

생활 리듬이 빨라지다 보니 우리의 삶도 자연스럽게 점점 더 긴박하게 돌아간다. 오늘날 많은 이가 가장 많이 하는 말은 '너무 바쁘다'이다. 다른 사람의 도움이 필요할 때 "지금 바빠서 말이야. 나 좀 도와줄 수 있어?"라고 물어보곤 한다. 다른 사람이 도움을 요청할 때는 "지금 너무 바빠서 말이야. 미안해"라고 거절하곤 한다. 그뿐인가? 누군가가 함께 시간을 보내자고 해도 바쁘다는 핑계로 거절한다.

정말로 온종일 바쁘다는 말을 달고 사는 사람이 있다. 그런 이에게 왜 바쁜지, 뭐 하느라 바쁜지 물으면 우물쭈물 막상 대답을 못 한다. 사실 바쁘다는 것이 유능하고 대단한 사람의 방증이라고 생각하는 이가 많다. 그러다 보니 실제로 일이 별로 없는데도 바쁜 척하기 여념이 없다.

엄밀히 말해, "바쁘다"라고 하는 이들은 시간관리를 제대로 하지 못할 뿐이다. 물론 정말 많은 일이 혼재해 있을 가능성도 있다. 이럴 때일수록 울타리에서 벗어나 눈앞의 모든 일이 정말 중요한지, 그 일을 꼭 지금 끝내야 하는지 자문해야 한다. 이럴 때는 해야 하는 일들을 쭉 열거해보고 일의 우선순위를 정해야 한다. 이는 일의 효율성을 높이는 데 도움 된다.

B 대리는 물 마실 시간조차 없을 정도로 바빠서 동료들은 그를 항상 분주한 사람으로 인식했다. 사장은 그를 매우 칭찬하면서 다른 부서의 일까지도 천천히 배우도록 했다. 그런데 어느 순간 동료들에게 따돌림을 당하기 시작했다. 도대체 그렇게 된 이유는 무엇일까. 그는 두 가지 이유를 꼽았다. 동료들이 시장조사차 출장 가기 전날 밤, 그는 사전 업무를 끝내지 못해서 임의로 일정을 변경하여 출장을 함께 가지 않았다. 그는 그때 '너무 바빠서', '시간이 없어서'라는 표현을 자주 사용했다. 시장조사가 막바지에 접어들었을 때, 그는 다른 일로 바빠져서 원래 두 사람이 같이하던 일을 다른 사람에게 다 몰아주었다. 여기서도 그는 "내가 정말 바쁜데, 넌 시간이 있으니까 혼자서 할 수 있겠지"라고 말했다. 상대방이 그의 요구를 받아들이긴 했지만, 기분은 별로 좋

지 않았을 것이다.

이런 상황이라면 인간관계에 당연히 문제가 생길 수밖에 없다. 사소한 일이라고 생각할 수 있지만, 이런 것들이 쌓이면서 큰 문제로 돌변한다. 삶은 시간을 그냥 흘려보내며 소비하는 것이 아닌, 사람들과 다양한 경험을 함께할 때 비로소 의미가 있다.

'너무 바쁘다'는 표현은 흔하디흔한 핑곗거리가 돼버렸다. 아마 당신도 진짜 바쁜 게 아니라 단지 귀찮거나 하기 싫기에 이런 핑계를 대곤 했을 것이다. 누군가의 부탁이나 불합리한 요구를 받을 때 '너무 바쁘다'는 핑계는 좋은 방법일 것이다. 하지만 그 외의 이유라면 한번 생각해봐야 한다. 예컨대 맛집에서 밥 먹자는 친구 제안을 TV 시청 때문에 "바쁘다" 핑계 대거나, 영화 보자는 친구 제안을 게임 때문에 "바쁘다" 핑계 대며 거절한다. 이런 식으로 핑계를 대다 보면 점점 약속이 줄어 친한 친구조차 연락이 뜸해질 것이다. 정작 친구들이 필요한 그 어느 날, 당신이 거절했던 것처럼 친구들도 당신을 거절할 것이다.

'너무 바쁘다'는 핑계는 사실 자신을 스스로 폐쇄하는 것이다. 정말 시간이 없다면 혹은 정말 내키지 않는다면, 그 이유를 솔직하게 말하자.

'성취욕'의 방해 공작

◆

간단한 게임을 하나 해보자. 한 번의 획으로 동그라미를 그릴 텐데, 시작과 끝이 만나는 지점에 작은 공백을 남겨두도록 한다. 그러고는 잠시 후 돌아와 그리다 만 듯한 동그라미를 바라보자. 어떤 생각이 드는가? 한 획을 그려서 동그라미를 완성해야겠다는 생각을 떨쳐버릴 수 없을 것이다. 이는 일을 시작하면 끝을 봐야 만족감을 느끼는 인간의 '성취욕' 때문이다.

실제로 러시아의 한 심리학자가 이와 관련된 실험을 통해 결과를 발표했다. 심리학자 블루마 자이가르닉Bluma Zeigarnik은 어린이 128명을 A, B 두 집단으로 나누어 과제를 주었다. A 집단은 과제를 수행할 때 아무런 방해를 하지 않았고, B 집단은 과제를 하는 도중에 중단시키거나 다른 과제로 넘어가도록 했다. 한 시간 뒤, 그가 질문을 던졌을 때 B 집단이 A 집단보다 과제를 2배 이상 기억해냈다. B 집단이 기억해낸 과제 중 68%는 중간에 그만둔 과제였다. 끝까지 완성한 과제를 기억해내는 비율은 32%에 불과했다.

이에 대해 자이가르닉은, 인간은 이미 완성한 일에 대해 성취욕을 충족했기 때문에 대부분 잊어버리고 애써 기억하지 않지만 미완성된 일은 머릿속에서 떠나지 않는다는 결론을 내렸다. 이런 심리 현상을 '자이가르닉 효과'라고 한다.

정상적인 성취욕이 있는 사람은 자이가르닉 효과를 긍정적으로 적용하여 무슨 일이든 쉽게 포기하지 않고 유종의 미를 거둔다. 물론 모든 일에는 폐단이 있게 마련이다. 이어서 성취욕이 과도하거나 없을 때 어떤 현상이 나타나는지 알아보자.

과도한 성취욕을 가진 사람 대부분은 완벽주의자인 경우가 많다. 완벽을 과하게 추구하기 때문에 일이나 공부, 생활 속에서 공황장애를 겪기 쉽다. 이로 말미암아 일의 효율성이 떨어져 맡겨진 일을 제대로 수행하지 못할뿐더러 심하면 자신의 건강까지 해친다.

당신이 이런 유형의 사람이라면 '세상에 완벽한 것은 없다. 그것이 일이든 사람이든 진정한 완벽을 이룰 수 있는 존재는 없다'는 현실을 받아들여야 한다. 그래야 끊임없이 현실을 변화시킬 수 있고 '박수 칠 때 떠나라'라는 말을 실행할 수 있다. 결과적으로 완벽함에서 오는 희열과는 또 다른 재미를 얻는 것이다.

예컨대 어떤 사람들은 조건에 상관없이 모든 일을 한 번에 처리하려고 하지만, 그러면 진행 과정에서 여러 돌발 변수 때문에 발목을 잡히는 경우가 많다. 그래서 사전에 갖가지 요소를 고민할 필요가 있긴 하지만, 너무 심하게 할 필요는 없다. 그저 최선을 다하면 된다. 그러면 결과에 너무 집착하지 않고 순수하게 과정을 즐길 수 있다.

성취욕이 없는 사람은 자이가르닉 효과를 거의 찾아볼 수 없는 가장 대표적인 '게으른 사람'이다. 이들은 일, 공부 등 무슨 일을 하든 꾸준히 하지 못하고 대부분 중간에 포기한다. 이런 성향은 자신의 심리 발전과 능력 향상에 영향을 미친다. 이들은 조금씩 천천히 성취욕을 키워 나아가야 한다. 예컨대 책 한 권을 꾸준히 읽거나 자기 방부터 청소하는 등 작은 일부터 시작하는 것이 좋다. 강제로라도 스스로 할 일을 하다 보면 어느 정도 시간이 흘렀을 때 성취욕이 생길 것이다.

자신의 성취욕을 적절하게 조절하여 게으름과 나태함에서 벗어나고 지나친 완벽주의를 극복해야 자이가르닉 효과의 긍정적인 부분을 살릴 수 있다.

다른 사람의 관심 밖에 있을 때

◆

C가 또다시 직장을 그만둔다고 선언했다. 그는 짧은 기간에 벌써 다섯 곳의 직장을 옮겼는데, 이번에는 한 달도 채 되지 않은 회사였다. 그는 울분과 함께 관둔 이유를 토해냈다.

"과장이 너무 짜증 나. 아직도 심부름만 시킨다니까. 이리저리 뛰어다니느라 정신이 하나도 없어. 그래놓고 내가 이런 게 마음에 안 들고, 저런 게 마음에 안 들고 잔소리만 해. 이제 더 이상 못 참겠어. 뭐, 더 있어도 배울 것도 없을 것 같으니, 차라리 빨리 그만두는 게 나아."

누구나 이런 경험이 있을 것이다. 처음 입사했을 때만 해도 모두의 관심을 받으며 큰 포부를 펼칠 수 있을 거라고 생각하지만, 현실은 그렇지 않다. 조용히 자리에 앉아서 누구의 주목도 받지 못한 채 선배들의 잔심부름만 한다. 마치 어두운 구석에서 자라는 버섯처럼 자생하다가 결국 자멸하고 마는 신세가 된다. 끝까지 버틴 사람도 있겠지만, 많은 이가 퇴사를 선택한다.

처음 직장에 들어가서 생기는 현상을 전문 용어로 '버섯경영의 법칙'이라고 한다. 이는 처음 두각을 나타내는 사람을 관리하는 것으로, 햇빛이 들지 않는 음지 그러니까 중요하지 않은 부서에 배치하거나 잡다한 일을 시키며 혹독하게 트레이닝하는 과정이다. 자생하는 버섯처럼 스스로 살아남게 하려고 말이다.

사실, 인간의 성장 역시 이와 비슷한 과정을 거친다. 성장하면서 우리는 온갖 고난을 겪을 수밖에 없다. 고난에 쓰러진 사람들은 평범한 삶의 테두리 안에서만 살아가고, 이 모든 것을 이겨낸 사람들은 탁월함을 인정받고 주목받는 삶을 살아간다.

직장 내에 이러한 현상이 존재한다는 사실은 그리 놀랍지 않다. 연애할 때도 상대방을 탐색하는 시간이 필요한데, 하물며 이제 막 입사한 직장은 어떻겠는가? 아무도 단번에 당신을 알아줄 리가 없다. 물론 이력서가 있긴 하지만 그건 낱장 종이에 불과하다. 달랑 종이 한 장으로 당신을 완전히 꿰뚫어 볼 수 없기에 '고난'의 순간이 필요하다. 이 과정에서 직장 선배들은 당신의 업무 태도를 관찰한다. 사소한 일도 제대로 해내지 못하는데 시간이 지났다고 해서 당신에게 중요한 업무를 맡길 것이라는 기대는 하지 말기 바란다.

입사 초기부터 목표를 너무 높게 잡는, 소위 허파에 바람 든 사람이 많다. 그러다 며칠 '버섯'으로 지내다 보면 이런 환상을 멀리 떨쳐버리고 현실을 마주하며 성실히 일한다. 이 단계를 순조롭게 통과한다는 것은 당신이 테스트에 합격했다는 뜻이다. 그러면 당연히 회사 내 임원, 선배 들의 관심을 받게 되고 점점 중책을 맡으며 성장하게 된다.

그렇다면 우리는 어떻게 이 과정을 잘 넘기고 빠른 성장을 할 수 있을까?

첫째, 마음을 다잡고 새로운 직장 환경에 적응한다.

10년 넘게 열심히 공부한 사람들은 약간의 오만한 태도를 가지고 있는 데다가 스스로 능력 있는 사람이라고 자부하기에 입사 후 많은 사람으로부터 주목받아야 한다고 생각한다. 이때 회사 내 고참들을 생각해보자. 그들의 학력이 낮다고는 할 수 없지만, 설령 학력이 낮은 사람일지라도 경험이 많기에 사내 규칙에 이미 완벽히 적응해서 시간을 들여 가르칠 필요가 없다. 반면에 신입들은 백지상태다. 다른 사람이 시간을 내서 규칙 등을 가르쳐야 하는데 앞으로 적응을 잘할지도 미지수다. 그래서 처음에는 중요한 일을 맡기지 않고 당연히 경험 많은 고참들에게 맡기는 것이다. 마음을 다잡고 '신인'의 자세로 고참들에게 배우며 가능한 한 빨리 적응하는 것이 좋다.

둘째, 작은 일부터 시작해서 꾸준히 배운다.

의지가 굳은 사람은 시련을 두려워하지 않는다. 이제 막 신입 직원이 된 당신은 온종일 잔심부름에 사소한 일만 하고 있을지도 모른다. 하지만 아주 사소한 부분에서 그 사람의 성품을 알 수 있기에 결코 소홀히 해서는 안 된다. 작은 일이지만 능력을 발휘해서 좋은 결과를 얻었다면, 리더는 더 중요한 일을 맡기려 하지 않겠는가? 당신에게 그럴 능력이 없다면 중책을 맡길 수 없을 테니 계속 선배 혹은 앞선 동료에게 배워야 한다. 그들에게 시간 여유가 있을 때 겸손한 마음으로 가르침을 청하고, 배우고 이해한 것을 결합하여 자신만의 업무 처리 방법으로 만들어가야 한다.

직장에서 '버섯'으로 지내는 것은 그리 힘들지 않다. 진짜 힘든 것은 '버섯'일 때 빨리 성장하려 하지 않고 되는대로 작은 버섯으로 지내는 것이다.

지금이 최고의 선택 순간이다

◆

항상 선택의 갈림길에 선 우리는 종종 그 선택이 두렵기도 하다. 그만큼 원하는 것도 많고, 잃기 싫은 것도 많기 때문이다. 우리는 선택의 순간을 어떻게 대면해야 할까?

첫째, 진심으로 원하는 것을 고수한다.

신기한 것은 우리가 선택의 갈림길에 섰을 때 이미 마음속에 답을 가지고 있다는 사실이다. 드라마 〈애정공우愛情公寓〉 시즌 3의 마지막 부분에는 샤오시엔이 동전을 던지며 독백하는 장면이 나온다.

"둘 중 하나를 선택해야 할 때, 동전을 던지는 이유는 항상 맞는 답이 나오기 때문이 아니라, 동전을 하늘에 던지는 순간 내가 무엇을 원하는지 깨닫게 되기 때문이야."

우리 내면의 답을 알고 있다면 마음이 내키는 대로 따라가면 된다. 선택할 때 자기 자신도 설득할 수 없다면 어떻게 계속할 동기를 가질 수 있겠는가? 제자리에서 사소한 일에 얽매일 바에야 차라리 용감하게 한 걸음을 내딛는 게 낫다. 그 걸음 하나에 수많은 가능성이 달려 있다.

둘째, 자신의 선택을 인정한다.

J는 대입 시험에서 좋은 성적을 내지 못했다. 원래 바라는 대학에 진학할 예정이던 그녀는 점수가 커트라인에 딱 걸리는 바람에 이러지도 저러지도 못하는 상황에 빠지고 말았다. 결국 그녀는 2지망으로 지원한 대학에 합격은 했지만, 평소 관심이 없던 학과로 가야 했다. 그 후로 그녀는 '재수를 할까? 어차피 대학은 입학했으니 대충 다니다가 졸업할까? 아예 대학을 다니지 말까?' 등 별의별 생각을 하기 시작했다.

대학에 들어가고 나면 예전처럼 선생님이나 부모님이 자신에게 크게 신경 쓰지 않기 때문에 많은 사람이 말 그대로 막 나간다. 그러나 그녀는 비록 원하는 곳에 들어가지 못했지만 스스로 마음을 다잡았다.

'기왕 들어온 거니까 열심히 해야지. 내 청춘과 세월을 그냥 보낼 순 없어.'

결국 그녀는 성공을 이루었다.

마음에 소원을 두고 하는 것과 억지로 하는 것의 결과는 분명히 다르다. 스스로 선택한 이상, 그것이 마음에 들지 않더라도 모든 힘을 쏟아부어야 한다. 그래서 자신의 선택이 가장 완벽한 선택이었음을 증명해 보여야 한다.

셋째, 후회도 불평도 하지 않는다.

살면서 우리는 후회하는 데 너무 많은 에너지를 허비한다. 이미 선택한 이상, 처음 선택한 그 장면을 다시 떠올리지 말고, 그때 한 선택에 대해서 후회하지 말자. 이미 일어난 일을 바꿀 수 없고, 앞으로 일어날 일도 예측할 수 없다. 유일하게 할 수 있는 일은 후회하지 않고 불평하지 않는 것이다. 과거에 얽매이기보다 지금의 노력과 과거의 선택이 잘 어우러지도록 하는 것이 좋다. 그러면 후회할 일도 없다.

선택은 우리를 괴롭히는 고민거리가 아니다. 어떤 선택이든 우리에게 유의미하다. 색깔과 스타일이 다른 옷처럼 이런저런 조합을 통해 무수히 많은 경우의 수가 나오는 것처럼 모든 선택 하나하나가 유일무이한 당신을 만들어간다. 열심히 하루하루를 보내다 보면 모든 선택이 즐거움을 선사해줄 것이다.

현실과 이상의 갈등 해소하기

◆

살면서 우리는 아름다움을 발견하고 느끼는 것만큼이나 많은 갈등과 모순을 마주한다. 예컨대 졸업 후 높은 연봉의 쉬운 일을 갈망하지만, 현실적으로 낮은 연봉에 힘든 일부터 시작해야 한다. 누구나 이런 경계에 서봤을 것이다. 왜 현실과 내적 기대 사이에 갈등을 일어나는 것일까?

그 이유는 욕망의 방해 때문이다. 우리가 무의식적으로 하는 생각은 종종 현실보다 훨씬 높다. 하지만 때로는 누구도 자신의 부족함을 인정하지 않고 타인보다 뛰어나지 못한 것을 받아들고 싶지 않아서 내심 '능력자'의 마음가짐으로 환상의 나래를 펼친다. 그러나 환상은 현실과 거리가 멀고 심지어 역행하기에 원하는 일과 실제 일 사이에서 모순과 갈등이 일어나는 것이다. 인간의 잠재의식 속에서는 항상 더 많은 것을 얻으려 하지만, 무력하게 현실에 구속되고 마는 것이다.

하지만 욕망을 갖지 않는 것 또한 참 어려운 일이다. 욕망이 가득한 인간으로서 현실과 이상 사이의 갈등을 어떻게 해결할 수 있을까?

첫째, 자신을 정확하게 인식하고 자신이 원하는 것을 정확히 안다.

때때로 어떤 결과를 지향하는 것은 단지 주위 사람들과 비교되기 때문이다. 그렇게 '아, 그의 목표가 나보다 높아 보이는데, 그러면 내가 그보다 못한 것 아닌가?'라는 생각에 자신의 실정에 아랑곳하지 않고 이상만 높이려다가 현실과의 충돌을 더욱 키운다.

사실 우리가 해야 할 일은 조용한 장소에서 마음을 가다듬고 모든 잡념을 떨쳐내는 것이다. 그러고는 자신의 장단점, 흥미가 무엇인지 진지하게 따져보고 현실에 근거한 목표와 이상을 설정하는 것이다. 그건 우리가 진정으로 원하고 우리 노력으로 실현할 수 있는 것이어야지, 현실과 맞지 않는 허황한 욕심이어서는 안 된다.

둘째, 상대의 입장에서 생각하고 최선을 택한다.

우리는 높은 연봉에 일과 삶의 균형, 즉 워라밸이 보장되는 곳을 선호한다. 하지만 현실에서는 평균 수준의 연봉을 받으며 산더미처럼 쌓인 업무를 하고 있다. 당신이 유명한 변호사가 되어 큰 사건을 맡아서 많은 돈을 벌고 싶어 한다 가정해보자. 그런데 이제 막 졸업해서 전문 지식도 부족하고 노하우도 없는 당신이 그런 사건을 감당할 수 있을까? 사람들이 당신의 능력을 인정해줄까? 자신의 궁극적 목표를 달성하기 위해서는 얼마나 많은 작은 목표를 이뤄나가야 할까?

이런 문제들을 고민하고 난 후에야 갖가지 작은 목표로 이루어진 커다란 계획을 설계할 수 있다. 위의 가정을 예로 들었을 때, 작은 목표는 전문 지식을 습득하고 변호사 자격을 얻는 등 미래를 향해 나아갈 힘을 기르는 것이다. 이렇게 하면 절대 도달할 수 없는 목표를 설정하는 것보다 훨씬 현실적이고 자기계발에도 더할 나위 없이 도움 된다.

살아가는 동안 현실과 내면의 갈등은 결코 피할 수 없다. 그러나 자기 자신을 정확히 파악하고 현실을 제대로 바라본다면 그런 문제는 충분히 해결할 수 있다. 물론 그만큼 성장할 것이다.

매사 완벽을 추구하니까 피곤한 것이다

◆

직장에서 완벽을 추구하며 절대 남에게 의지하지 않고 어떤 실수도 용납하지 않는다.

옷차림은 항상 단정해야 하고 집 안 또한 먼지 하나 없이 깨끗해야 한다.

계획성 없는 사람을 도무지 이해하지 못한다.

자신에 대한 기준이 높고 매사에 자신을 화나게 하거나 불만족스러운 부분을 찾을 수 있다.

이러한 상황에 익숙한 사람이 있을 것이다. 어쩌면 '내 얘기 아닌가?'라고 생각할지도 모르겠다. 그렇다면 당신은 '완벽주의자'일 가능성이 크다.

이런 사람들의 전형적 특징은 다른 사람에게 자신과 똑같이 높은 기준을 적용한다는 것인데, 상대적으로 이들은 더 진지하고 올바르며 예의가 바른 편이다. 완벽주의자인 친구에게 도움을 청한다면 그는 끝까지 책임지고 모든 과정에 최선을 다할 것이기 때문에 안심해도 된다. 업무 중 완벽을 추구하는 사람은 일의 우선순위를 정한 뒤 최선책을 내놓기 때문에 리더는 마음 놓고 일을 맡길 수 있다.

완벽주의자들의 심리를 한마디로 표현하면 '기왕 할 거면 제대로 하자'이다. 그러나 항상 완벽을 추구하기 때문에 그 과정에서 자신을 극도로 몰아세우고 늘 고민을 자처한다. 그렇기에 부정적인 성향을 갖는데, 이 상태가 오래 지속되면 몸과 마음이 지쳐버리지만 그들은 쉽게 멈추지 못한다. 과연 완벽주의자라면 어떻게 자신을 관리해야 할까?

첫째, 불완전이 인생의 주류임을 인정하고 여유를 즐긴다.

이 세상에 사람이든 일이든 완전무결한 것은 없다. 우리가 완벽해지기 위해 항상 긴장 상태를 유지한다면, 나중에는 초조함으로 바뀌고 이로 말미암아 삶의 행복지수도 떨어질 것이다. 누구도 이런 모양의 삶은 원하지 않을 것이다.

불완전함을 인정하기 시작하면 자신감이 커지고 점차 긍정적인 성향으로 바뀔 것이다. 가끔 새로운 방식으로 자신을 향상하는 것도 자신에게 높은 기준을 요구하는 것과 같은 효과를 낼 수 있다. 마음을 편안하게 해주는 효과도 있음은 물론이다.

인생에는 항상 만족스럽지 못한 부분이 많을뿐더러 원하는 그 모든 것을 얻을 수 없다. 사과가 먹고 싶은데 바나나가 주어지는 경우는 인생에서 허다하다. 당신에게 정말로 변화할 힘이 없다면, 당신이 가장 먼저 해야 할 일은 바나나의 장점을 찾아 받아들이는 것이다. 즉, 눈에 보이는 불완전함을 받아들이는 것이다.

둘째, 다른 사람과 더불어 자신도 포용한다.

누구에게나 각자 선호하는 처리 방법이 있다. 완벽주의자들이 다른 사람들을 가르치고 싶다면 그들의 감정을 헤아려 어떻게 해야 자신의 의견을 받아들이게 할지 고민해야 한다. 이때, 토론 방식으로 소통하며 각자의 장단점을 상호 보완해주다 보면 양자의 견해 차이도 좁힐 수 있을 것이다.

셋째, 제한된 에너지를 적절히 사용한다.

완벽주의자들은 일에 몰두할라치면 밤낮을 가리지 않고 온 힘을 쏟아붓는다. 하지만 인간의 에너지는 제한되어 있기에 반드시 적절한 분배가 필요하다.

사소한 부분이 성패를 좌우한다고 하지만 사소한 부분까

지 지나치게 신경 쓰는 것도 결과에 썩 좋은 영향을 미치지 않는다. 적당히 조절해서 핵심만 잘 파악하는 것이 진리다.

시간 단위로 일정을 나눠서 계획표를 작성하면 각 부분을 완성하는 데 걸리는 시간을 예측하여 사소한 부분에 너무 몰두해서 진행 과정이 지연되지 않도록 할 수 있다. 혹시라도 사소한 부분에서 문제가 생길까 봐 걱정된다면, 완성된 후 전반적인 심사를 통해 꼼꼼하게 확인할 수 있다.

PART 5

최선을 다하는 당신, 성공이 눈앞에 있다

일을 잘못하면 실패했다고 생각하지만, 사실 실패라고 할 수 있는 건 중도에 포기하는 것뿐이다. 그러니 자신이 선택한 길 중간에서 멈추지 마라. 그 여정이 끝난 지점의 풍경이 얼마나 아름다운지는 직접 눈으로 봐야 안다.

자신도 몰랐던 비밀, 성공에 대한 두려움

◆

실패에 대한 두려움은 몸소 겪어본 터라 익숙한 데 비해 '성공에 대한 두려움'은 어딘지 모르게 낯설 것이다. 성공은 누구나 갈망하는 것인데, 왜 두려움을 갖는 것일까? 우리에게 아직은 생소한 '성공 공포증'에 대해 알아보자.

'성공 공포증'은 1970년대 심리학자들이 발견한 심리적 문제로, '지연 행동Procrastination'에 관한 책이 출간되면서 큰 반향을 일으켰다. 그 책의 가장 혁신적인 관점은 지연 행동의 잠재적 기피 요소 중 하나가 바로 '성공 공포증'이라는 점이다. 그 책은 많은 사람이 겪고 있는 다이어트 사례를 언급하고 있다. 예컨대 사람들은 "어떡하지! 또 살쪘어! 오늘부터 진짜 다이어트 시작할 거야!"라고 매일 같은 말을 입에 달고 산다. 하지만 다이어트 계획은 오늘에서 내일로, 이번 주에서 다음 주로 미뤄지다가 결국 시작도 하지 않고 흐지부지되기 십상이다. 여기에는 충격적인 이유가 숨어 있다. 자존감이 낮은 사람은 자신이 다이어트에 성공했을 때 주변인들이 깜짝 놀라며 "어머, 재 봐. 어떻게 저렇게 살을 뺐지? 예전에는 엄청 뚱뚱했잖아!"라고 다소 민망한 말을 입에 담을까 봐 은근히 걱정한다. 또 누군가는 혹여 이성의 관심을 받으면 이로 말미암아 관계가 발전되고, 그렇게 자신이 이성 교제를 잘할 수 있을지 걱정부터 한다. 이런 식의 사소한 걱정들은 자신을 변화시키는 데 크고 작은 걸림돌이 된다.

이러한 심리적 문제를 사소하다고 하여 가볍게 여겨선 안 된다. 이는 일상생활뿐만 아니라 직업과 사랑에도 부정적인 영향을 미친다. 그렇다면 어떻게 이런 문제들을 피할 수 있을까? 문제를 해결하려면 먼저 원인부터 파악해야 한다. '성공 공포증'의 원인에는 몇 가지 이유가 있다.

첫째, 다른 사람보다 뛰어나지 않다고 생각한다.

'뛰는 놈 위에 나는 놈 있다'라는 말을 익히 알고 있을 것이다. 이 말의 맥락 속에서 어떤 선생님은 학생이 반에서 1등을 해도 "자만하지 말고 계속 노력해야 해. 전교에서 노는 애들이 얼마나 많은데!"라고 말한다. 이와 다르지 않은 부모도 있다.

"지금 잘하는 건 잘하는 것도 아니야. 계속해서 열심히 해야 해!"

이런 반응에 계속 부딪히다 보면 어떤 성과를 냈음에도 '나보다 뛰어난 사람이 훨씬 많잖아. 딱히 기뻐할 게 아니지'라는 생각이 자꾸만 성취욕에 브레이크를 건다. 이런 분위기에서 성장하면 성공에 대한 흥미를 잃어버리고 말 것이다.

둘째, 성공에 따른 변화를 두려워한다.

자신감이 부족한 사람들은 성공 후 더 어려운 도전에 직면하게 될까 봐 두려워한다. 또 대처 방법에 대해 잘 모르기 때문에 혹시라도 다른 사람에게 쓴소리를 들을까 봐 걱정한다.

이제 위 두 가지 원인에 대한 대책을 살펴보자.

우선 다른 사람과 정정당당하게 경쟁할 때 겸손과 양보는 잠시 잊어도 된다. 겸손한 태도를 보이며 양보한다고 해서 상대가 고마워할 리 만무하다. 전혀 신경 쓰지 않을뿐더러 아예 기억도 하지 못할 것이다. 타인의 이익을 위해 자기 이익을 포기할 의무가 우리에겐 없다. 따라서 그저 최선을 다하면 된다. 당신의 성공이 다른 사람에게 어떤 영향을 주든 상관하지 말자. 그저 당신의 성공이 자신과 가족에게 얼마나 큰 의미가 있는지만 생각하자. 당신의 성공 덕분에 부모님은 편안한 노후생활을 기대할 수 있을뿐더러 당신의 앞날을 걱정하지 않아도 된다. 요즘 유행하는 '부모님이 늙어가는 속도보다 빨리 성공했으면 좋겠다'는 말과 딱 들어맞는 결과다.

변화가 일어나면 길이 열리고, 길이 열리면 발전하는 법이다. 자신감으로 자신을 변화시켜 모든 상황을 극복하고 압도하자. 이렇게 자기암시를 해보자.

'나는 뛰어난 사람이기 때문에 평범한 사람들보다 더 나은 직업과 삶을 가질 자격이 있다!'

그 어느 날, 인생의 난관 앞에서 한 발도 나아갈 수 없을지라도 후회하지 마라. 당신은 이미 자신에게 가장 적합한 위치에 있기 때문이다.

곰곰이 생각해보면, 성공에 대한 두려움은 미지未知에 대한 두려움과 맞닿아 있다. 어둠을 두려워하는 것과 같은 이치랄까. 아무것도 볼 수 없는 어둠 속에서는 뭐가 있는지 모르기에 지레 두려운 존재를 상상하여 두려움을 키운다. 이 얼마나 쓸데없는 짓인가.

같은 맥락이다. 어떤 일을 하기도 전에 억지로 나쁜 결과를 예상하지 마라. 실제 행동이 없는 억측의 결과는 증명 자체가 불가하다. 설사 정말 나쁜 결과를 초래하더라도 신경 쓰지 마라. 그저 긍정적으로 생각하고 적극적으로 받아들이면 된다. 그러면 자신도 모르는 사이에 두려움으로부터 멀어질 것이다.

계획을 그냥 계획으로만 두지 말라

◆

휴가철을 앞두고 다이어트 계획을 세운다. 5킬로그램을 감량해 11자 복근을 만들어서 배꼽티를 입을 생각이다. 또 미국 드라마를 자막 없이 볼 수 있을 정도로 영어 실력을 높이고자 영어 공부 계획을 세운다. 그러나 원대한 이상에 비해 현실은 보잘것없다. 계획을 세울 때는 이것저것 생각하지만, 결국 하나도 제대로 이루어지지 않는다. 누구나 이런 경험이 있을 것이다.

어째서 우리는 항상 계획을 이루지 못할까? 인간에게는 타성惰性, 즉 오래되어 굳어진 버릇이 있긴 하지만 자신이 꿈꾸는 삶을 살기 위해서 정한 계획을 결과로 완성해야 한다. 이제 계획을 이루는 데 도움 될 방법 몇 가지를 살펴보자.

첫째, 큰 목표를 작은 목표로 세분화한다.

다이어트, 외국어 공부 등 자신이 세운 목표를 한번 살펴보자. 모두 거창하고 단기간에 절대 할 수 없는 것 아닌가. 어쩌면 이런 목표는 시작도 하기 전에 포기할 확률이 높다. 너무 거창한 목표는 행동으로 옮길 때 갈피를 잡기 힘들어서 사기를 떨어뜨린다. 다이어트할 때는 가장 먼저 체중을 어떻게 감량할지 구체적으로 정해야 한다. 예컨대 달리기로 다이어트를 한다면 먼저 몸 상태를 살핀다. 그다음 매일 얼마의 빠르기로 얼마나 달릴 것인지를 결정한다. 그렇게 몸이 적응할 시간을 준 뒤 천천히 운동량을 늘리는 방법을 택한다.

둘째, 목표를 달성하는 기간을 명확히 잡는다.

이 점을 분명히 해야 한다. 기간을 명확하게 잡아야 긴장감을 유지하며 목표를 완수할 수 있다. 핵심은 마감일을 설정하고 그에 따라 매일 해야 하는 일의 양을 구체적으로 쪼개 정하는 것이다.

셋째, 자신의 계획을 여기저기 떠벌리지 않는다.

자신의 계획을 여러 사람에게 떠벌리면, 자칫 성공에 대한 환상에만 도취할 수 있다. 이런 만족감은 판단력에도 영향을 미친다. 예컨대 토플 시험을 본다고 주변 사람들에게 말하면 모두가 대단하다며 응원을 보낼 것이다. 이런 상황에 젖어 있다 보면 아직 시험을 보지도 않았는데, 이미 만족할 성적을 거뒀다는 착각에 빠지기 쉽다. 하지만 현실에 눈떴을 때 목표까지 아직 갈 길이 멀다는 사실을 돌아볼 것이고, 이런 괴리감은 목표를 향해 달려갈 동기를 잃게 할 것이다.

넷째, 자신에게 제때 보상한다.

목표를 달성했을 때 자신에게 보상해줌으로써 성취감을 더 높이고 앞으로 나아가도록 격려해줄 수 있다. 보상은 갖고 싶었던 립스틱 또는 보고 싶었던 영화 혹은 가고 싶었던 여행 등 자신이 원하는 것으로 하면 된다. 보상할 때는 적시성이 중요한데, 보상 시기가 적절하지 않으면 심리적 격차가 생겨 오히려 성취감을 높이는 데 도움 되지 않는다.

어찌 됐든 중요한 것은 실행이다. 아무리 훌륭한 계획일지라도 실제 행동이 따르지 않는다면 그것은 그림의 떡에 불과하다.

게으름이 당신을 좀먹게 하지 마라

◆

어느 겨울날, 평소처럼 친구와 조깅하려고 친구 방문을 두드린다. 방문을 열어보니 그녀는 온몸에 담요를 휘감은 채 컴퓨터 모니터 앞에서 애처로운 표정을 짓는다. 그 순간 오늘도 혼자서 조깅할 것임을 직감한다. 그녀에게 같이 나가자고 얘기하지만, 그녀는 창밖 운동장을 가리키며 말한다.

"너도 나가지 마. 날씨가 이렇게 추운데, 누가 나와서 뛰겠어."

살면서 이런 경우가 너무 많기에 잘못하면 타성에 젖어서 서서히 잠식될 것이다. 이쯤 되면 그동안 게으름을 피웠던 지난날이 떠오를 것이다. 며칠 전 '내일 써야지' 하고 결심했던 논문을 지금까지 손도 안 대고 있다거나, 요가복을 살 때만 해도 당장 운동을 시작하겠다는 마음이었지만 아직 단한 번도 입지 않은 채 옷장에 그것을 방치하고 있을지 모르겠다. 우리는 그다지 중요하지 않은 일을 항상 미루는 경향이 있다. 차일피일 미루다 보면 후회할 날이 반드시 오는데, 그때는 정말 후회해도 늦는다.

'게으름은 참 이상하다. 가끔 편안하게 느껴질 때도 있는데, 휴식 혹은 행운이라고 생각하게 만든다. 하지만 실제로 게으름은 지루함이나 나태함, 무기력감을 가져다준다. 또 미래에 대한 희망을 빼앗아 가고 나와 다른 사람의 우정도 끊어버릴 뿐 아니라 편협한 사고에 얽매이게 해서 회의감을 들게 한다.'

이는 미국 심리학자 롤랜드의 말이다. 곰곰이 생각해보면, 그의 게으름에 대한 통찰은 정말 간담을 서늘하게 만든다. 모든 인간에게는 타성이 있지만, 일부 뛰어난 사람은 우리가 게으름을 피우는 동안 부지런히 자기 일을 완성하고 많은 이의 부러움을 사기도 한다. 그들에게는 강인한 끈기나 뛰어난 자기 통제력이 있다.

그렇다면 우리는 어떻게 해야 이런 끈기와 자기 통제력을 키울 수 있을까? 이제부터 어떻게 타성을 극복하여 더 나은 내가 될 수 있는지 알아보자.

첫째, 변명하지 않는다.

추운 날씨를 탓하며 달리기를 하러 나가지 않은 이처럼, 자신의 게으름을 합리화하기 위해 핑계를 대는 사람들이 있다. 이것은 반드시 개선해야 할 부분이다. 변명거리를 만들고 싶을 때는 차라리 냉정하게 자신의 변명을 뒤엎어야 한다. 날씨가 좋지 않아서 달리기를 못 한다고? 그럼 계단을 오르락내리락하면 된다. 이 일을 하기 싫어서 내일로 미룬다고? 말도 안 된다. 오늘 할 일은 오늘 끝내야 한다. 그렇지 않으면 계속 긴장의 끈이 늘어지면서 쉬어도 쉬는 것 같지 않고 오히려 더 피곤해질 뿐이다.

둘째, 실행 가능한 계획을 세운다.

계획은 실행할 수 있게 난도에 따라 순차적으로 세워야 한다. 달리기를 예로 들자면 첫날은 50미터, 이튿날은 100미터 하는 식이다. 핵심은 아무리 단거리일지라도 매일 실행하는 것이다. 달리기가 몸에 익어 습관이 되면, 그걸 하루라도 거르면 몸은 찌뿌둥해질뿐더러 불편해질 것이다. 계획을 완수했을 때는 자신에게 보상해주자. 하나 더, 일정표를 시각화하자. 이는 게으름 피우고 싶은 생각을 막아주며 매일 동기를 유발해준다.

셋째, 매일 자기반성을 한다.

오늘 게으름을 피웠다면 그 이유는 무엇일까? 오늘 해야 할 일이나 문제를 해결할 수 없었던 이유는 무엇일까? 자기반성을 통해 자신의 행동을 제어하고 개선해 나아가자. 명심할 점은, 자기반성은 열등감을 느끼게 하거나 자기혐오를 일으키기 위함이 아니라 실행을 위한 것이라는 사실이다. 자기반성의 정도와 방법을 제대로 알아야만 긍정적인 효과를 거둘 수 있다.

넷째, 자신을 변화시킬 외부의 힘, '감독자'를 찾는다.

자기관리에 도움 될 모니터링 도구를 활용하자. 예컨대 운동 앱을 활용해 그것을 자신의 '감독자'로 삼아 알람을 설정하고 매일 점검하는 것이다. 나중에 길게 이어진 기록을 보면 스스로 뿌듯해질 것이다.

게으름을 단호히 거부하자. 매일매일 행동하며 자신감을 갖자. 게으름을 극복한다면 무슨 일이든 다 할 수 있다!

미루는 습관

◆

'미루는 습관Procrastination'은 이미 현대인의 고질병이 된 지 오래다. 분명히 금방 끝낼 일인데, 하루 이틀 미루면서 어영부영 시간을 허비한다. 기한이 꽉 찬 뒤에야 쩔쩔매며 시작하지만, 결국 모든 것은 엉망진창이 된다. 미루는 습관을 치료해야 할 질병으로 보는 사람이 있는가 하면, 극심한 압박으로 의지를 북돋워서 좋은 결과를 낼 수단으로 보는 사람도 있다. 미루는 행위는 단순한 시간관리 문제가 아니라 감정이나 생각 등 일련의 외부 요인 영향을 받는 행위이기에 효율성을 높이는 수단이 되든 질병이 되든 '미루는 습관'을 정확히 재인식해야 할 필요가 있다.

첫째, 자신을 받아들인다.

왜 우리는 항상 시험 준비 기간을 늦추는 걸까? 시간이 많아서? 아니면 그리 중요한 시험이 아니라서? 그것도 아니면 공부해도 좋은 성적을 낼 수 없을 것 같아서? 모든 이유가 미루는 원인이 될 수 있다. 이에 대한 반응은 불안, 초조, 자책, 혼란으로 나타날 수 있다. 과연 우리는 어떻게 해야 할까? 사실 우리가 가장 먼저 해야 할 일은 '자신 받아들이기'이다. 목표가 너무 거창해도 좋은 일은 아니다. 단기간에 실현 가능한 목표를 세우는 것이 바로 장기적인 목표의 시작이라고 할 수 있다. '난 할 수 있다', '지금부터 시작이야'라고 스스로 다독이며 자신을 받아들이고 첫걸음을 내딛자.

둘째, 일을 세분화한다.

일의 구상과 준비 단계에 접어들었을 때 가장 필요한 건 업무를 세분화하는 것이다. 즉, 목표 달성에 필요한 일을 작은 일로 쪼개는 것이다. 작은 일은 하기 쉽다. 목표를 향해 작은 일들을 완수해 나아가다 보면 자신감도 점점 향상된다. 목표를 완성하고 난 후 적절한 보상을 해주는 것도 미루는 습관을 극복하는 하나의 기교다. 일을 다 해내고 난 뒤의 보상을 생각하면 해야 할 일이 그리 부담스럽지는 않을 것이다.

셋째, '월(月)'을 '일(日)'로 바꾼다.

심리학자들은 시간 계산 방식을 바꾸는 것이 미래 인식에 영향을 미칠 수 있음을 발견했다. 말 그대로 시간 계산 단위를 '년年' 혹은 '월月'보다 '일日'을 사용하면 시간이 금방 다가오고 있다는 느낌을 받는데, 그렇기에 무슨 일이든 좀 더 일찍 시작하게 된다. 마감일 알림을 '앞으로 ○○일 남았다'로 설정하여 미룰 수 있는 시간이 많지 않음을 계속 상기하면서 일을 처리할 수 있도록 하는 것이 좋다.

마음대로 할 수 있다면

♦

일을 성공적으로 해내는 사람은 얼핏 보면 별로 특별할 게 없지만, 다른 사람과 비교해볼 때 확실히 자신에게 관대하지 않다. 다른 사람이 자기 자신에게 "Yes"라고 할 때, 그들은 자기 자신에게 "No"라고 한다. 결코 그들은 자기 마음대로 하도록 놔두지 않는다.

성공한 인물 이야기를 일일이 열거할 필요 없이 모든 영역에 이런 사람들이 존재한다. 그들의 탁월함은 고도의 자율성에서 나타나지만, 우리 대부분은 '자신이 원하는 대로 하도록 허용'하는 단계에 머물러 있는 편이다.

다이어트를 예로 들어보자. 당신은 2주 동안 운동과 식단을 병행하고 있었는데, 어느 날 밤 갑자기 달콤한 케이크가 당기면 '오늘 저녁만, 아주 조금만 먹어야지', '벌써 2주가 지났으니까 오늘 하루는 먹어도 되지, 뭐', 심지어 '한 입 정도는 괜찮아. 먹고서 운동 더 열심히 하면 돼' 등등으로 자신을 속이는 여러 이유를 찾아낸다. 그러고는 케이크를 한입 크게 먹는다. 그 후 매일 저녁이 되면 알람 울리듯 먹고 싶은 욕구가 마구 밀려온다. 그렇게 매일 한 입, 두 입 먹지만 운동량을 늘리는 자신과의 약속은 지키지 않는다. 당신이 원하는 대로 무엇이든 할 수 있도록 허용했기 때문에 결국 다이어트 계획은 자연스럽게 수포가 된다.

사실 '자신이 원하는 대로 하도록 허용하는 것'에 대한 심리학적 해석도 있는데, 이를 '심리적 허용'이라고 한다. 문자적 의미와 앞서 얘기한 내용을 결합하면 쉽게 이해할 것이다. 우리에게 '심리적 허용'이 너무 잘 나타나는 이유는 무엇일까? 그건 우리 스스로 너무 쉽게 'Yes'를 하기 때문이다. 이미 다방면으로 엄격한 계획을 세워놨지만, 자신의 목표에서 벗어나 사리사욕에 부합한다는 생각이 들면 갖가지 이유를 들어 자신을 설득하고 방임할 가능성이 크다.

다이어트를 할 때 '한 입 정도는 먹어도 괜찮아. 운동 더 하면 되지'라는 심리적 허용을 받는 순간 기존의 계획을 바꿀 기회를 주는 것이나 마찬가지다. 그러면 그 후로 점점 더 많은 심리적 허용이 생기고, 결국 늘 그렇듯 다시 원점으로 돌아와 헤매며 다이어트 계획은 무산되고 만다.

그렇다면 심리적 허용을 피하는 방법은 무엇일까? 정말 너무 뻔한 말이지만 바로 유지하는 것 외에는 없다. 과연 어떻게 유지할 수 있을까? 여기에는 고도의 집중력이 필요하다. 말은 쉽지만, 막상 행동으로 옮기려면 힘들다. 아무리 집중하려 노력해도 잡념이 떠나지 않고 산만한데 어떻게 집중력을 떨어뜨리는 방해물을 제거할까? 방법이 하나 있다. 무언가를 하기 전에 먼저 세부 계획과 목표를 나열한 다음 심리적 허용이 생기기 쉬운 곳에 계획과 목표를 붙여둔다. 눈에 잘 띄는 곳에 붙이는 것은 물론이고 글자뿐 아니라 자극적인 이미지도 함께 붙여두는 것이 좋다. 예컨대 지금 다이어트 중이라면 냉장고 문 앞에 '살 빼자, 마른 사람이 되자!' 하는 식의 문구와 평소 부러워하던 모델 사진 등을 붙여두는 것이다. 과연 이런 문구와 사진을 보면서 냉장고 속 케이크를 꺼낼 수 있을까? 혹 이미 냉장고 속 케이크를 꺼내 한 덩이 입에 넣었을지라도 이내 뱉어버리지 않을까?

정말로 하고 싶은 일을 찾는 방법

◆

"미래가 너무 막막하고 내가 정말 좋아하는 일이 무엇인지 모르겠다!"

많은 이가 이렇게 푸념한다.

이럴 때, 가장 먼저 해볼 질문이 있다.

'이미 억만장자여서 더 이상 돈을 벌 필요가 없다면, 그때 하고 싶은 일은 무엇인가?'

이 질문에 대한 답을 찾다 보면, 일은 돈을 벌기 위함이 아니라 자신의 가치를 구현하기 위한 것임을 깨달을 거다. 물론 여전히 삶이라는 것을 혼란스러워하는 사람들은 자신이 억만장자라 가정한다 해도 여전히 무엇을 하고 싶은지 모르겠다 말할 터이다.

'너 자신을 알라.'

이는 그리스 델피 신전에 새겨진 잠언이다. 자신의 관심사가 무엇인지 모른다는 것은 바로 자신에 대한 명확한 인식이 없다는 뜻이다. 과연 우리는 어떻게 해야 우리 자신을 제대로 인식할 수 있을까?

관심사와 가치관으로 인간의 유형을 나눈 독일 철학자 프란츠 슈프랑거Franz Spranger의 이론을 살펴보자. 그는 인간을 모두 여섯 가지 유형으로 분류했다.

첫 번째, 이론형

이론형 사람들은 지식과 이론을 추구한다. 그들은 추상적 모형 세우기를 좋아하고, 이론에 입각한 사물 분석하기를 좋아한다. 이 유형의 사람들은 이성적 사고를 옹호하는 만큼 학술 및 연구 분야에 몸담는 게 좋다.

두 번째, 종교형

종교형 사람들은 이성을 뛰어넘는 확고한 신념을 가지고 있다. 바로 신앙이다. 그들은 신의 가르침에 따라 모든 생명을 사랑하는 것을 삶의 목표로 삼는다. 믿음에 따라 사람을 이롭게 하고 그 신념을 위해 분투하는 것이 그들의 인생 가치다. 이 유형의 사람들은 종교 분야에서 활약하면 좋다.

세 번째, 사회형

사회형은 종교형과 비슷하지만 신앙을 중심으로 움직이지 않는다는 차이가 있다. 사회형 사람들은 정의라는 신념을 바탕으로 사회를 유익하게 하는 것에 인생 가치를 둔다. 그런 만큼 타인을 돕는 것을 기쁨으로 삼는 이가 많다. 이 유형의 사람들은 공익적인 사회 분야에서 종사하면 좋다.

네 번째, 경제형

경제형 사람들에게 무엇보다 중요한 것은 '효율'이다. 그들은 경제학적 시각으로 원가와 수익, 공급과 수요 문제를 분석한다. 많은 기업인과 사업가가 이 유형에 속하는데, 그들은 더 큰 성공을 위해 실용주의를 중시한다. 이 유형의 사람들은 부를 창출하고 축적하는 것을 목표로 삼는 만큼 비즈니스 분야에 제격이다.

다섯 번째, 권력형

권력형 사람들에게는 기본적으로 집권욕이 있다. 그들은 다른 사람에게 영향을 받지 않고 지시하기를 좋아한다. 이 유형의 사람들은 정부 관리, 정당 임원, 기업 임원 등으로 활동하면 좋다.

여섯 번째, 심미형

심미형 사람들은 늘 아름다운 것을 추구한다. 이 유형의 사람들은 음악, 미술, 영화 등 예술 분야에 종사하는 것이 좋다.

물론, 사람을 하나의 유형으로 규정하기란 어렵다. 다른 유형의 특징을 어느 정도 가지고 있기 때문이다.

인간을 여섯 가지 유형으로 나눈 프란츠 슈프랑거의 이론은 매우 흥미롭다. 사실 그는 이론을 제시하면서 실험과 조사의 과학적 방법이 아닌, 사고와 변별의 철학적 방법을 더 많이 사용했다.

이제 자신의 특성과 결합해서 여섯 가지 유형에 대입하고 그중 자신에게 더 적합한 유형이 무엇인지 확인해보자. 이를 통해 자신의 가치관을 보완하면 진정으로 원하는 일을 찾는 데 도움 될 것이다.

한 번도 틀린 적이 없다면 비극이 될 것이다

◆

완벽주의에 목매는 사람이 의외로 많다. 확실히 그들은 작은 일일지라도 완벽하게 해내려고 애쓴다. 흠집이라도 생길라치면 심히 우울해하는데, 지속적인 이런 상태 속에서 깊은 우울증에 빠지기도 한다. 작은 일에서도 이런데 큰일에서는 또 어떨까. 그들은 자잘한 일까지 하나하나 따져가며 더 잘하려고 애쓰지만, 결국 빈틈이 생기는 걸 어쩌지 못한다. 모든 일에 100% 완벽이란 있을 수 없으니까 말이다.

당신은 완벽주의자인가? 당신이 한 번도 잘못하거나 실수한 적이 없다면 이는 엄청난 비극이다. 불완전에 대한 두려움이 당신을 늘 발목 잡고 있을 것이기 때문이다. 또한 주변인들이 당신을 괴물로 취급할지도 모를 일이기 때문이다. 그들은 당신의 완벽주의 성향 때문에 당신을 대하기 힘든 존재로 생각할 수도 있는 것이다.

과연 완벽주의 성향으로부터 어떻게 벗어날 수 있을까? 우선 생각을 바꾸는 것에서부터 시작해보자.

첫째, 완성이 완벽보다 낫다는 것을 스스로 말해준다.

일하면서 너무 세부적인 것에 연연하지 말자. 일단 기한 안에 전체를 파악한 후 어려움이 있거나 자료가 부족할 경우 건너뛰고 나중에 보완하는 것이 좋다. 처음 자신의 결점을 파악하고 고치고자 할 때는 매우 괴로울 수도 있다. 결점을 바로 잡기 위해서는 끈질긴 의지뿐만 아니라 단계별 접근도 필요하다. 일부 중요하지 않은 문제에 대해서는 과감히 내려놓고 자신의 부족함을 수용하자. 그렇게 완벽주의의 늪에서 서서히 발을 빼면 된다.

둘째, 자신뿐만 아니라 다른 사람에게도 너그럽게 대한다.

팀으로 일을 진행할 때, 자신의 의견과 요구를 너무 밀어붙이지 말자. 100% 만족스러운 결과를 얻지 못하더라도 자신의 생각만큼 나쁘지 않을 수도 있다. 결과보다 팀워크에서 얻는 즐거움이 더 중요할 때도 있다.

완벽주의적 성향을 가지고 있다면 이렇게도 시도해보자. 바닥 청소나 회의록 작성 등과 같은 사소한 일을 찾아서 완벽하지 않은 선에서 적당히 해보는 것이다. 그런 다음 어떤 끔찍한 결과를 초래하는지, 당신이 생각한 대로 많은 사람의 비판을 받는지 살펴보자. 결과는 당신의 예상 밖일 것이다. 완벽함을 추구하는 것은 단지 당신이 자신을 난처하게 만드는 것에 불과하다.

이 세상은 원래 불완전하다. 그러니 그저 순리를 따르자. 불완전함을 받아들이자. 과감히 불완전한 사람이 돼보자. 뜻밖의 흥미로운 일이 뒤따를 것이다.

무엇이 당신의 변화를 방해하는가?

◆

열심히 공부하려 했는데, 공부 시작 30분 만에 스마트폰에 빠진다. 제대로 다이어트하려 했는데, 이틀 만에 폭식하고 만다. 작심삼일, 결국 흐지부지되고 말았다! 지금도 누군가는 경험하고 있을 것이다. 분명 더 나은 사람이 되고자 하는 욕망이 강한데, 세운 목표도 나름대로 터무니없지 않은데, 어째서 이토록 변화하기 힘든 것일까? 이제 어떻게 하면 원하는 내가 될 수 있는지, 이에 관하여 생각해보자.

어떤 변화이든 그냥 일어나는 것은 없다. 그 안에 분명한 동기가 있어야 하는 것이다. '동기'란 어떤 필요에 따라 야기되고 갖가지 필요를 충족시키는 특별한 심리상태와 의지이다. 그런 만큼 필요에 따라 변화의 동기가 생긴다. 따라서 먼저 자신의 '필요'와 '어떤 사람이 되고 싶은지'에 대한 이해가 선행되어야 한다.

매슬로우Abraham H. Maslow의 '인간의 욕구 5단계'라는 것이 있다. 인간은 가장 기초적 욕구인 생리적 욕구Physiological Needs를 맨 먼저 채우려 한다. 이것을 어느 정도 충족하면 안전 욕구Safety Needs, 사랑과 소속 욕구Love & Belonging, 존경 욕구Esteem, 자아실현 욕구Self-actualization를 차례대로 채우려고 한다. 우리는 평생 이것들을 추구하면서 산다. 욕구가 생기면 만족시키고 싶고, 만족시킬 수 없으면 우리의 욕구를 만족시켜줄 대상을 찾는다. 이로 말미암아 동기가 생기고 더 나아가 변화되는 것이다.

안전 욕구로부터 시작된 예를 들어보자. 원활한 의사소통 능력으로 외국계 회사에 입사하고자 본격적인 영어 학습을 시작한다. 문법은 물론 앱을 내려받아 어휘 학습과 더불어 듣기와 말하기 연습도 병행한다. 그런데 며칠 지나지 않아 흐지부지된다. 대체 무엇이 변화 시도를 방해하는 것일까?

누구나 자신만의 고유한 생활방식을 유지하고 있다. 오랫동안 해온 그 나름의 방식을 갑자기 바꾸려 하는 것은 당연히 쉽지 않은 일이다. 미지의 것을 두려워하는 뇌 또한 안전 보호 시스템을 가동하기 때문에 너무 큰 변화를 이루기란 사실상 힘들다.

과연 어떻게 해야 자신이 바라는 변화를 끌어낼 수 있을까?

첫째, 변화의 문턱을 낮춘다.

허황한 목표가 아닌, 실현 가능한 목표를 세운다. 예를 들어보자. '한 달 15킬로그램 감량'이라는 다이어트 목표를 세우지만, 운동한 지 3일도 안 돼서 엉망진창이 된다. 그렇게 체중은 줄기는커녕 오히려 늘어나고 있다. 이런 상황이라면 목표를 확 낮추는 것이 좋다. '한 달 3킬로그램 감량'으로 목표를 변경한 뒤, 과식을 경계하며 부담스럽지 않게 매일 10분 운동한다면 좀 더 쉽게 목표를 이룰 수 있다.

둘째, 격려를 아끼지 않는다.

이미 성취한 것을 축하하는 일도 더 발전된 변화를 촉진하는 방법 중 하나다. 계획한 일의 완성 뒤 자신에게 줄 외식, 신제품 구매 등 스스로 원하는 '보너스'를 정해두자. 단, 일의 완성 전까지는 '보너스'를 멀리하는 것이 좋다.

셋째, 긍정의 추진력으로 바꾼다.

목적지는 같은데 추진력이 다른 경우가 있다. 운동할 때를 예로 들어보자. '다이어트는 너무 힘들어. 도저히 못 뛰겠어!' 하는 마음이 날숨마다 새어 나온다. '꾸준히 하면 분명 효과가 있을 거야. 힘든 만큼 좋은 날은 온다, 파이팅!' 하는 마음이 들숨마다 달라붙는다. 이 두 마음가짐의 목적지는 같지만, 추진력이 전혀 다르다. 당연히 결과는 하늘과 땅 차이다. 우리에게 필요한 것은 긍정의 추진력이다.

가장 맛있는 포도는 남겨둬라

♦

세상에는 두 부류의 사람이 있다. 포도 한 송이를 줬을 때, 가장 달콤한 포도알을 먼저 먹는 사람과 남겨뒀다가 마지막에 먹는 사람이다!

이렇게만 보면 전자前者는 무조건 낙관적이어야 한다. 그가 포도를 먹을 때마다 가장 달콤한 것을 먹기 때문이다. 이에 반해 후자後者는 비관적이다. 그가 먹는 포도는 남아 있는 맛없는 것뿐이기 때문이다. 그런데 현실은 이와 정반대다. 후자에게는 그나마 희망이 있지만, 전자에게는 추억만 있을 뿐이다.

이것은 단지 낙관주의와 비관주의의 문제가 아니라 만족감에 대한 경험의 선후 문제이기도 하다. 이와 관련한 심리학 용어 '만족지연Delay of Gratification'이라는 것이 있다. 만족지연은 더 큰 보상을 위하여 즉각적인 즐거움, 보상, 욕구를 자발적으로 억제하면서 욕구 충족의 지연에 따른 좌절감을 인내하는 능력을 말한다.

만족지연에 관한 유명한 실험이 있다.

스탠퍼드대학교 내 유치원에 다니는 600여 명의 아이를 대상으로 진행된 실험이다. 연구진은 아이들을 작은 방에 모아놓았다. 이 방에는 테이블과 달콤한 마시멜로 외에 아무것도 없었다. 연구진은 아이들에게 세 가지 선택권을 주었는데, 첫 번째는 마시멜로를 바로 먹는 것이고, 두 번째는 지금 먹지 않고 참았다가 연구진이 돌아오면 마시멜로를 몇 개 더 받는 것이다. 세 번째는 테이블 위에 있는 벨을 울려서 연구진을 돌아오게 하는 것이었다.

아이들에게 마시멜로는 그야말로 참을 수 없는 유혹이다. 일부 아이는 바로 먹어 치워버렸고, 일부 아이는 연구진을 불렀다. 그 외 3분의 1의 아이는 기어코 버텨냈다. 대부분의 아이가 3분을 채 넘기지 못한 상황에서 나머지 아이들은 마시멜로의 욕구를 지연시키는 데 성공했고 그에 따른 보상을 받았다.

여기서 만족지연의 언급 핵심은 단순히 우리 내면의 욕망을 억눌러야 한다는 것이 아닌, 일시적 위안을 추구하지 말라는 것이다. 유혹을 뿌리쳐야만 더 큰 기쁨과 행복을 얻을 수 있다. 눈앞의 만족만을 중시하는 사람들은 좌절을 겪으면 쉽게 뒤숭숭해진다. 그들은 문제를 해결할 인내심이 부족하다. 우리는 과연 어떻게 해야 만족지연 능력이 향상될까?

첫째, 마음을 빼앗기게 하는 보상과 거리를 둔다.

위 실험에서 일부 아이는 더 많은 마시멜로를 얻기 위해 테이블에 있는 마시멜로를 쳐다보지 않으려고 눈을 가리거나 등을 돌렸다. 이는 아이들이 유혹의 대상과 거리를 두기 위해 선택한 방법이다. 이것이 핵심이다. 보지 않는 것이 제일 좋다. 나중에 있을 더 큰 즐거움을 위해 잠깐 외면하면서 참는 것이다.

둘째, 눈앞에 있는 것에 현혹되지 않도록 주의를 돌린다.

등 돌려 앉기, 머리 땋기, 노래 부르고 춤추기 등 실험에서 아이들이 보여준 행동은 모두 주의력을 다른 곳으로 돌려 시간을 소비하는 행동이었다. 다른 일에 전념하면 현재 사건이나 사물에 대한 잡념을 줄일 수 있다. 다이어트를 하는데 케이크가 눈앞에 있다면 그 자리에서 벗어나 책 한 권 혹은 TV 드라마를 보자. 그러면 그 유혹에서 잠시나마 벗어날 수 있다.

우리가 원하는 것은 더 가치 있고 더 희망적인 인생이다. 이것을 위해 우리는 더 큰 노력을 기울여야 한다. 만족을 조금 미뤄보자. 가장 새콤한 포도를 먼저 입에 넣어보자. 그러면 천천히 신맛이 단맛으로 바뀌는 경험을 할 수 있고, 오히려 포도의 맛을 더 즐길 수 있을 것이다.

마음속에 목표를 간직한 사람

◆

당신은 목표를 가지고 있는가? 있다면 그것을 사람들에게 공개하고 동행자를 찾으며 타인에게 조언을 구할 것인가? 아니면 남몰래 조용히 목표를 완성해 나아갈 것인가?

두 가지 선택이 저마다 다른 결과를 가져올 수 있다. 이를 잘 보여주는 실험이 있다.

피실험자들에게 자신의 목표를 적게 하고 두 조로 나누었다. A조 사람들에게는 자신의 목표를 큰 소리로 말하게 했고, B조 사람들에게는 마음속에 꼭꼭 숨겨두도록 했다. 이제 모두에게 45분을 주고 각자의 목표를 완성하도록 했다.

그 결과, 목표를 숨겨둔 B조 사람들은 45분 내내 목표를 이루기 위해 노력하는 모습을 보였다. 심지어 주어진 시간이 다 되어도 향상될 여지가 있다고 생각했다. 반면에 큰 소리로 자신의 목표를 알렸던 A조는 30분 정도 버티다가 결국 포기했다.

위 실험은 다른 사람에게 목표를 밝히는 것이 좋은 선택이 아닐 수 있음을 말해준다. 왜 다른 사람에게 목표를 말하면 실현하기 어려운 것일까?

다른 사람들에게 목표를 말하면, 왠지 모르게 목표에 더 가까워졌다는 느낌을 받는다. 목표를 얘기하면 주변인들은 대부분 칭찬으로 지지해주는데, 그 칭찬이 마치 목표를 달성한 듯한 착각과 더불어 미리 만족감에 빠지게 한다. 그러면 목표를 달성하려는 동기와 신념도 사그라지고 스스로 긴장이 풀리고 마는 것이다.

미리 만족을 누리는 대가로 진정한 목표를 포기하는 경우가 더러 있다. 그렇다면 목표를 말하고 싶은 욕구를 어떻게 참아야 할까? 심리적 암시의 측면에서 두 가지를 살펴보자.

첫째, 목표를 말하면 실천이 더 어려워질 수 있다는 점을 분명히 안다.

선불리 말로 뱉는 것보다 차라리 목표를 적어서 눈에 잘 띄는 곳에 붙여놓고 계속 자신에게 상기시키는 게 낫다. 자신의 목표를 발설하고 싶은 충동이 올라오면, 억지로 입을 다물고 몸을 돌리자. 그러고는 목표를 향해 묵묵히 걸어가자.

둘째, 목표 달성 시 더 큰 만족감을 누릴 수 있음을 상기한다.

이를 명심하면 순간적 만족의 착각에 빠지지 않을 수 있다. 가끔은 자신에게 동기를 부여할 작은 선물이나 맛있는 간식을 준비하여 목표를 달성하도록 돕는다.

몰래 공부하는 심리

◆

고등학교 시절 우리 반에 게임을 정말 좋아하는 친구가 있었다. 그는 게임 아이템 이야기만 나와도 눈빛이 돌변하는 그야말로 게임광이었다. 그런데 그는 시험을 칠 때마다 한 번도 100점을 놓친 적 없는 우등생이었다. 그는 거의 학교의 신화가 되었다. 졸업 후 동창회에서 그에 관한 얘기가 나왔다. 선생님께서 의미심장한 웃음을 지으며 말씀하셨다.

"너희는 걔가 정말 게임을 했다고 생각하니? 그저 너희들의 경계심을 풀기 위해 게임에 대해 이런저런 얘기를 한 것뿐이야."

우리는 더 이상 아무 말도 할 수 없었다.

도대체 다른 사람 몰래 공부하는 사람의 심리는 뭘까?

그때 선생님을 통해 그 친구의 내막을 다 알고 난 뒤 '속았다'는 느낌은 없었다. 오히려 엄청난 스트레스를 받고 있었을 그를 이해하게 됐다. 사실 그가 했던 방식은 일종의 '심리적 방어기제'였다. 심리적 방어기제는 원초아原初我와 초자아超自我 간의 갈등이 발생했을 때 특정 방식으로 중재하거나 완화하여 불안으로부터 자신을 보호하려는 심리적 기제이다. 열심히 노력했지만 실패했다고 하면 무능하다는 인상을 줄 수 있다. 그 친구는 심리적 방어기제의 전략을 사용함으로써 시험을 잘 봤을 경우에는 실력이 좋았기 때문이라고 생각하게 하고, 시험을 못 봤을 경우에는 외부 요소의 방해 때문이라고 생각하게 했다.

대학 강의실에서도 흥미로운 현상을 발견할 수 있다. 흔히 공부를 열심히 하는 학생들이 맨 앞자리를 차지할 거라고 생각한다. 그래서 앞자리에 앉은 이들이 당연히 성적 좋은 '공붓벌레'일 거라고 짐작한다. 이는 많은 사람이 강의실 앞쪽에 앉기 꺼리는 이유가 된다. 강의실 맨 앞자리에 앉은 사람이 중간 수준의 성적을 받았다면 모두가 그의 능력에 문제가 있다고 생각할 것이다. 하지만 평소 강의실 가장 뒷자리에 앉는 사람이 꼴찌를 했을 때 그는 그 이유를 그냥 이렇게 말할 수 있다.

"뭐, 열심히 하지 않았으니까요."

심리적 방어기제는 실패의 원인을 객관화한다. 열심히 하지 않았다고 말하는 것을 좋아하는 사람들은 자신을 위해 설치해둔 장애물 덕분에 실패의 원인을 객관화할 수 있다. 사람들 모르게 공부를 하면서 하지 않은 척하는 사람들은 실패했을 때를 염두에 둔다. '최선을 다하지 않았다'는 이유를 들어 자존심을 보호하고 좌절감을 덜 느끼도록 자신을 유도한다. 실상 많은 사람이 이런 방식으로 자신을 보호한다.

인생의 정체기를 돌파하는 방법

♦

무던히 노력했음에도 성적이 오르긴커녕 오히려 떨어졌다.

우연히 옛 동창과 마주쳤는데, 한참 동안 "너! 너! 너!" 하다가 상대의 이름이 생각나지 않아서 결국 어색하게 웃으며 "안녕"이라고만 했다.

글 쓰던 중 갑자기 막혔다. 한순간 기억을 잃은 듯 영감이 몽땅 사라져서 멍하니 모니터만 바라보았다.

위 사례는 심리학에서 '병목 효과Bottleneck Effect'라고 부르는 일종의 '정체' 상태에 빠진 것으로 볼 수 있다.

어떤 활동을 할 때 그와 관련된 다양한 요소와 연결 고리가 서로 맞물려 조화를 이루어야 한다. 뭔가 배우는 과정에 있을 때 학습 방법, 태도, 환경 등의 요소가 각자 맡은 역할을 하면서 하나가 되어야 한다. 어느 한 부분이라도 틀어지거나 따라가지 못하면 정체기에 접어들면서 일정 기간 벗어날 수 없게 된다.

'병목 현상'이 나타나도록 방치하면 멍한 상태에서 타성이 생기고 모든 일에 긴장이 풀려 느슨해진다. 결과적으로 시작에 비해 마무리가 잘 안되면서 무엇 하나 이루지 못한다. 과연 '병목 현상'을 어떻게 극복해야 할까? 해결 방법은 두 가지다.

첫째, 연관성을 늘린다.

옛 동창의 이름이 바로 떠오르지 않는 것은 과거를 회상할 때 연상하는 매개가 너무 단순하기 때문이다. 이름이 떠오르지 않은 동창이 같은 반 친구인지, 다른 반 친구인지 또는 중학교 친구인지, 고등학교 친구인지 정도의 단순한 추측만 할 것이다. 이런 연상은 범위가 너무 좁아서 친구의 이름을 기억해내는 데 별로 도움 되지 않는다.

이런 경우에는 다른 쪽으로 연상을 확장하여 비슷한 사람을 떠올려보거나 자신의 기억 속에 그와 관련 있는 다른 친구를 찾아보거나 그의 독특한 특징을 살펴야 한다. 어쩌면 그래서 서로 별명을 지어주는 것일지도 모르겠다.

좀 더 넓은 의미로 연관성을 늘리는 건 시간, 공간, 형식,

내용 측면에서 비슷한 사물이나 현상을 찾아 연상한다는 것을 말한다. 예컨대 시간이 촉박하지 않은 상태에서 글을 반 정도 쓰다 막혔다면 글 주제와 앞의 내용을 엮어서 연관성을 만들어간다. 그렇게 확장해가다 보면 금방 사고의 흐름을 되찾을 수 있다.

둘째, 자신에게 여유를 준다.

일반적으로 한 가지 일을 완성하려면 점검기, 성숙기, 각성기, 완성기를 거쳐야 한다. 병목 현상이 일어나는 정체기는 초기의 점검기에 포함된다. 따라서 일과 생활에서 병목 현상이 일어나면 생각이 극도로 경직되기 때문에 생각하면 할수록 떠오르지 않는다.

따라서 스스로 긴장을 풀 시간을 가지며 성숙기에 들어간 이후의 단계를 준비하는 것이 좋다. 이 시간 동안 좋아하는 음악을 듣거나 과거의 추억을 떠올리거나 책을 읽다 보면, 자신도 모르게 답을 찾을지 모른다.

현재, 우리가 마주해야 할 유일한 것

◆

'현재를 사는 것이 유일한 지혜의 원천이다. 과거에 생긴 것은 모두 지식이고 이미 죽은 것이다. 따라서 과거의 지식을 현재의 문제에 적용하면 문제의 본질을 신속하게 파악할 수 없고 잘못된 판단을 하기 쉽다.'

이는 인도의 철학자 지두 크리슈나무르티Jiddu Krishnamurti의 말이다.

과거에 집착하며 현재를 제대로 살지 못하는 사람이 많다. 현재는 우리가 마주하는 유일한 것이다. 현재에 집중하지 않는다는 것은 시간을 낭비한다는 뜻이다. 이제 현재를 제대로 살아야 하는 이유를 따져보자.

첫째, 과거와 현재를 비교하다 보면 단순한 즐거움이 사라진다.

나이가 들수록 단순한 즐거움이 사라지는 경험을 해본 적 있는가? 과거의 즐거움은 어느 순간 걸림돌이 되기 때문에 즐거움이 더해질 때마다 갈망도 더해질 것이다. 이 즐거움을 미래에도 계속 유지하길 바라는데, 즐거움이 많아지면 욕망 또한 커진다. 결국 나이가 들수록 우리의 마음은 한 겹 한 겹 갈망에 쌓여 현재에 관한 관심은 아이러니하게도 점점 사그라든다.

비교는 쉽게 싫증을 유발한다. 좋은 일을 겪거나 즐거움을 얻으면, 과거와 현재를 비교하며 과거의 즐거움을 현재에 그대로 복제하기를 갈망한다. 이는 현재와 좋은 관계를 맺는 것을 방해한다.

둘째, 과거의 느낌과 경험은 복제할 수 없다.

우리는 종종 옛 연인과 현재 연인을 비교하는데, 그렇게 과거에 빠질 때마다 현재의 연인에게서 옛 연인의 그림자를 본다. 옛 연인과 함께했을 때 정말 좋긴 했지만, 그 좋았던 감정은 과거의 두 사람에게만 속한 것이기 때문에 현재에서 똑같이 복제할 수 없다. 지금 함께하는 사람과의 시간이 엄연히 다른데, 어떻게 같은 감정을 느낄 수 있겠는가? 계속 그때의 감정에 집착한다면 오히려 걸림돌이 되어 지금 이 순간의 아름다움은 볼 수 없을 것이다.

왜 나이 들수록 시간이 빨리 흘러갈까?

◆

'시간이 화살처럼 간다!'

나이가 들수록 이 말이 뼈에 사무친다. 이 느낌은 날마다 강해지고 있다.

이것이 바로 '심리적 시간'의 기만이다.

1년 12개월, 하루 24시간의 객관적 시간과 달리, 개인이 주관적으로 느끼는 시간을 심리적 시간이라고 한다. 시간에 대해 느끼는 감각이 불확실하고 주관적이기 때문에 우리는 자신도 모르게 과거의 어느 시점으로 흘러가면서 시간이 느려지거나 빨라지는 느낌을 받는다.

왜 우리는 같은 시간을 다르게 느끼는 걸까? 심리학적 측면에서 사람이 시간을 인식하는 데 영향을 미치는 세 가지 요소가 있다. 그것은 내재적 기대 심리, 기계적인 행동, 집중력의 정도라고 할 수 있다.

첫째, 내재적 기대 심리

간절하게 바라는 일이 있다면 시간이 느리게 가는 것처럼 느껴질 거다. 시간이 빨리 가기를 바랄수록 더 느리게 가는 것이다. 어른이 되면 어릴 때처럼 어떤 일에 대한 기대감이 그리 크지 않다. 예컨대 어릴 때는 새 옷을 입을 수 있는 설날을 손꼽아 기다린다. 하지만 어른이 되어서는 더 이상 새 옷에 크게 동요되지 않기에 설날에 대한 기대감도 없다. 그저 눈 깜짝할 사이에 1년이 또 지나갔다며 시간 한탄만 하는 것이다.

둘째, 기계적인 행동

기계적인 행동은 시간을 빨리 지나가게 한다. 어린 시절의 우리 삶은 다채로운 편이었다. 새로운 지식과 다양한 활동으로 자유롭게 상상을 펼칠 수 있었다. 하지만 어른이 된 후 갈수록 생활이 규칙적으로 변해갔다. 매일 아침 기계적으로 일어나서 출근하고 퇴근 후 귀가하면 휴대전화를 보거나 잠을 잔다. 새로운 지식과 정보를 받아들일 기회가 줄어든 만큼 뇌의 사고력도 저하된다. 그래서 가끔 퍼뜩 의식할 때 이미 오랜 시간이 흐르고 난 후인 경우가 많다.

셋째, 집중력의 정도

어떤 일에 고도로 집중하면 시간이 빨리 지나간다고 느끼지만, 아무런 목적 없이 빈둥거리자면 시간이 매우 길게 늘어진다고 느낀다. 어렸을 때는 대개 한 가지 일에 잘 집중하지 못한다. 반면 어른이 되면 많은 일에 집중할 수밖에 없다. 집중의 여부에 따라 시간의 체감 속도가 달라지는 것이다. 시간은 객관적인 개념이지만, 사람마다 다른 시간 경험을 하는 만큼 확실히 상대적으로 흘러간다.

진정한 자율의 의미

◆

정크푸드가 건강에 좋지 않음을 잘 알고 있으면서도 끊지 못한다. 운동이 좋은 건 알고 있지만 좀처럼 소파에서 벗어나지 못한다. 장시간 스마트폰을 하면 시력이 나빠지는 걸 알지만 새벽이 넘도록 스마트폰을 놓지 못한다. 살면서 흔히 볼 수 있는 익숙한 장면들이다.

나름대로 계획을 세워보기도 하지만, 막상 실행하자면 역시나 어영부영 작심삼일에 그치고 만다. '자책감을 느끼고, 다시 시작하고, 또 작심삼일로 끝나고'가 계속 반복된다. 이 거듭되는 '자율-방종-자책-자율'의 굴레에서 벗어나려면 먼저 알아야 할 것이 있다.

첫째, '자율'을 올바로 이해한다.

대부분의 사람이 자율을 자기 억제라고 생각한다. 날씬한 몸매를 위해서는 식탐을 억제해야 한다. 아침형 인간이 되기 위해서는 늦게 자려는 욕구를 억제해야 한다. 그러나 이러한 자기 억제는 내면의 욕망을 억누르는 것이기 때문에 그럴 때마다 원하는 것이 더 유혹적으로 다가온다. 이내 욕망은 강화되고 초조감이 들끓고 결국 충동적으로 타협하게 된다.

자율적인 사람은 자신의 욕망과 그것이 도달하는 기준 사이의 충동을 받아들이고 자신의 장기적 이익을 위해 조절하고 적응한다. 이것은 자기 억제가 아닌, 능동적으로 이루어지는 선택이다.

예컨대 눈앞에 디저트가 잔뜩 있을 때 짧고 굵게 "먹으면 안 돼! 절대 먹으면 안 돼!"라고 말하는 것은 비효율적인 자기 억제에 그치고 만다. 하지만 자신의 목표인 건강과 날씬한 몸매를 유지해야 한다는 점을 명심하면 일시적인 욕구보다는 올바른 선택으로 나아갈 수 있다.

둘째, 자율을 계속 유지할 수 없는 이유를 이해한다.

디저트 사례에서도 알 수 있듯, 자율을 위해 자율적으로 행동하는 사람도 있다. 우리는 '자율'이라는 단순한 행동을 지나치게 신격화하여 성공한 사람들처럼 자율성을 가지면 연봉이 올라가고 회사 임원이 되고, 더 나아가 CEO가 되는 등 승승장구할 수 있다고 생각하는 경우가 많다. 이는 진정한 자율이 아니라 계획표가 완성된 후 느끼는 성취감이나 자율적이지 못한 사람과 비교해서 느끼는 우월감에 만족하는 것에 지나지 않는다. 실상 누구나 자신에게 맞는 생활방식이 있다. 무작정 자신을 속박한다고 성공과 행복이 보장되는 것은 아니다. 일단 자율을 하나의 임무로 인식하면, 임무를 완성했음에도 그렇게 내키지 않고 오히려 핍박받는 기분이 들 수도 있다. 그러면 능률도 많이 떨어지고 자율을 유지하는 것 자체가 힘들어질 수 있다.

자율은 목적이 아니라 하나의 수단이다. 이것의 본질은 욕망을 희생해서 다른 욕망을 이루는 거다.

진정한 자율을 위해서는 다른 욕망을 기꺼이 희생할 목표를 먼저 찾아야 한다. 효율적인 자율 속에서 능력을 쌓아가자. 하루가 지날 때마다 '나는 무엇을 원하는가?', '나는 얼마나 더 가야 하는가?', '나는 오늘 얼마나 노력했는가?'를 자문해보자.

자율적인 사람은 자율을 통해 자신의 궁극적인 욕구를 충족한다. 우리 자신에게서 자율의 장점이 확인돼야 선순환이 된다. 그럴 때 더 나은 인생을 만들어갈 수 있다.

가장 안타까운 중도 포기

◆

우리는 해야 할 일을 마라토너처럼 꾸준히 밟아 나아가야 한다. 그런데 실상 이것이 쉬운 일은 아니다. 토플 공부를 예로 들어보자. 처음에는 의욕이 넘쳐서 다양한 계획을 세우지만, 며칠 단어를 외우고 나면 아직 머릿속에 남아 있는 것보다 잊어버린 게 더 많다는 사실을 깨닫고 주저앉는다. 짜증이 나면서 '내가 매일 이렇게 하는 게 무슨 의미가 있나?'라는 자기 의심에 빠진다. 그러다 점점 더 게을러지고 매일의 계획들이 엉망진창이 된다. 결국 계획의 완수는 중도 포기로 물 건너간다.

이런 일은 비일비재하다. 학자들은 목표지향적 인간 행동의 정지 시기가 대부분 '중간' 지점에서 발생한다는 사실을 알아냈다. 실제로 그렇다. 우리 대부분은 정해둔 목표를 절반 정도 해냈을 때, 그것을 달성할 수 있을지 스스로 회의감을 갖는다. 이때 극도로 예민해지고 유약해져서 결국 중도에 포기하는데, 이것을 '중도 효과Halfway Effect'라고 한다. 여기서 '중도'는 목표를 달성할 때 가장 어려운 단계다. 중간에 포기하는 이유는 아주 단순하다. 자신에게 맞지 않는 목표를 세웠거나 의지력이 부족하기 때문이다.

목표를 설정할 때 항상 열정이 넘쳐서 토플을 준비할 때 한 달에 1만 개의 단어를 외우겠다는 높은 목표를 설정하는 것처럼 목표를 높게 멀리 잡는다. 야심 차게 보이긴 하는데 딱 봐도 버거워 보인다. 지나치게 큰 목표는 의지력을 느슨하게 만들기 십상이다.

대개 포기하는 이유는 목표를 완성해가는 과정에서 맞닥뜨리는 어려움 때문인 경우가 많다. 때론 선택한 일과 가야 할 길이 마라톤보다 수백 배 더 힘들 수도 있다. 그럼에도 그 어려움을 이겨내며 계속 나아가야 한다. 그 끝이 어딘지 모르지만 다음 모퉁이만 돌면 원하는 골인 지점에 도달할 수 있다.

흔히 잘하지 못하면 실패라고 생각하는데, 사실 실패는 딱 한 가지뿐이다. 바로 중도에 포기하는 것이다. 그러니 자신이 선택한 길의 중간에서 멈추지 마라. 종착지의 풍경이 얼마나 아름다운지는 직접 가서 자기 눈으로 봐야 알 수 있는 법 아니겠는가.

PART 6

깨어서 알고 실천하는 사람이 되다

다른 사람에게 피해를 주지 않는 선에서 '사랑스러운 이기주의자'가 되면 삶이 훨씬 즐거워질 것이다. 하고 싶은 일을 즐겁게 하고, 원하는 기회를 잡으며, 갖가지 문제를 해결할 것이다. 그렇게 자신감과 능력이 향상되어 이상적인 자아로 거듭날 것이다.

빈자리가 보이면 앉아라

◆

퇴근 시간의 만원 버스, 눈앞에 앉아 있던 사람이 내리자 당신과 옆 사람 사이에 눈치가 발동한다. 두 사람 모두 앉고 싶은 마음은 굴뚝같지만, 선뜻 먼저 나서지 않는다. 바로 그때, 또 다른 사람이 얼른 자리를 차지한다. 순간 주저한 행동에 대한 후회가 밀려온다.

이런 행동 양상을 보이는 까닭은 무엇일까? 어려서부터 양보해야 하고 겸손해야 한다는 주입식 교육을 받은 탓이다. 그러다 보니 빈자리가 있어도 먼저 앉아버리면 이기적으로 보일까 봐 사람들의 눈치를 보는 것이다. 바로 '스포트라이트 효과'인데, 무의식중에 자신의 문제를 확대해서 다른 사람들이 자신에게 관심을 갖고 주목한다고 생각하는 것이다. 그런데 사실 사람들은 무슨 문제가 있든 전혀 신경 쓰지 않는다.

사회생활에 익숙해질수록 스트레스 때문에 점점 다른 사람의 시선을 의식하고, 점점 자신의 체면을 중시한다. 그래서 받아들이고 거절하는 것을 두려워하고, 칭찬을 두려워하며, 다른 사람들의 기준에 맞추고자 몸을 사리면서 살아간다.

돌이켜보면 반에서 성적이 제일 좋은 친구들은 대개 '체면'을 따지지 않았다. 그들은 수업이 끝나자마자 바로 선생님에게 달려가 수없이 질문을 던지곤 했다. 당시 우리는 선생님에게 '친한 척'하는 거라고 생각했지만, 정작 그들은 우리가 어떻게 생각하든 별 관심이 없었다. 사회에서 '체면'을 신경 쓰지 않는 사람은 주로 빠르게 발전하고 기회를 잘 잡는 편이다. 겸손, 양보, 체면 때문에 얼마나 많은 기회를 놓쳤는지 생각해보자.

조금은 이기적으로 살아도 괜찮다. 기회가 있으면 노력해서 쟁취하고 내 시간을 낭비하는 일은 과감히 없애야 한다. 우리는 눈부시게 빛나야 할 사람이다. 따라서 스스로 훌륭해지는 변화를 두려워해서는 안 된다.

이기적인 생각이라고 말하는 사람도 많을 것이다. 사실,

다른 사람에게 피해를 주지 않는 선에서 '사랑스러운 이기주의자'가 되면 삶이 훨씬 즐거워질 것이다. 하고 싶은 일을 즐겁게 하고, 원하는 기회를 잡으며, 갖가지 문제를 해결할 것이다. 그렇게 자신감과 능력이 향상되어 이상적인 자아로 거듭날 것이다.

그러니 다른 사람의 시선에 사로잡혀 살지 말고 '겸손, 양보, 체면'이 우리 앞길을 방해하지 못하도록 하자.

잘못을 인정하지 않는 이유

♦

두 학생이 카페에서 과제를 하고 있었다. 갑자기 A가 B에게 말했다.

"너 이 문제 틀렸어."

그러자 B가 반박했다.

"그럴 리 없어. 네 답이 틀린 거야."

A는 다시 문제를 풀고 말했다.

"네가 틀렸다니까. 내가 확인했다고!"

B도 다시 문제를 풀었다. 정말 B의 답이 틀렸는데, 그는 답을 고치면서 계속 투덜댔다.

"잘 풀었는데, 마지막에 헷갈렸네. 어휴! 여기 너무 시끄러워서 집중을 도무지 못 하겠잖아. 너도 가까이 오지 마, 정말 귀찮아!"

B의 반응은 당황이었다. 그가 뱉어낸 변명은 너무 어설퍼서 자신조차 설득할 수 없었음에도 자기 잘못을 직접적으로 인정하길 거부했다. 이 장면, 왠지 익숙하지 않은가? 분명 상대방은 간단한 질문이나 조언을 한 것뿐인데, 듣는 사람은 흥분해서 자신이 옳다는 것을 증명하기 위해 변명하기 바쁘다. 이내 칼과 방패가 마주한 것처럼 팽팽한 긴장감이 감돈다. 사실 이런 일은 우리 일상에서 빈번하게 벌어진다.

거의 매일 우리는 다른 사람의 의심을 받는다. 그때 일반적으로 보이는 첫 번째 반응은 자신의 책임을 외부 탓으로 넘겨버리는 것이다.

왜 우리의 첫 번째 반응이 자기변명일까? 보통 우리는 자존감과 심지어 허영심을 지킬 수 있다고 생각하는데, 심리학적으로 봤을 때 자기변명은 전적으로 자존감을 지키기 위한 것이 아니다. 이는 인간의 자기보호본능이다. 인간은 본능적으로 부정의 상황과 감정을 회피함으로써 자신의 심리상태를 긍정적으로 건강하게 유지한다.

다른 사람의 의심이나 부정에 직면했을 때, 자신이 틀렸다는 사실을 알았더라도 몇 마디 자기변명이라도 해야 그나마 심리적 부담이나 자책감을 덜 수 있다. 자기 잘못을 인정하는 것은 어떤 면에서는 자기 가치를 부정하는 것과 같기 때문이다. 자신이 자아를 부정하면 이 세상을 살아갈 의미 자체를 잃어버리게 된다.

자기변명은 자기부정을 피하면서 심리적 건강의 균형을 이루는 본능이다. 하지만 그럼에도 잘못에 대해 인정하지 않는 변명이나 이유는 될 수 없다. 본능을 건강한 측면에서 적극적으로 이용하지 않으면 속 빈 강정처럼 편협한 상황에 빠질 것이다.

잘못을 인정해야 할 때, 상처가 되는 말을 분석하고 자신의 부족한 점을 고쳐서 스스로 더 나은 사람이 되려 노력하자. 다른 사람의 질책과 비판을 받아들이는 것은 분명 아픈 일이다. 그럼에도 잘못을 바로잡고 자신을 올바르게 인식하는 강력한 계기로 삼아야 한다. 그렇게 하면 실수할 가능성을 줄이며 좀 더 올바르게 나아갈 수 있다.

고마움이 아닌, 당연함으로 받아들인다

◆

H는 남자 친구와 헤어져야 할지 심각하게 고민하기 시작했다. 그녀의 남자 친구는 평소 출퇴근할 때마다 그녀를 에스코트해주었다. 하지만 최근 새 프로젝트 때문에 바빠지면서 출퇴근길을 함께해주지 못하는 터였다. 이런 이유로 그녀는 남자 친구가 더 이상 자신을 사랑하지 않는다 판단했고 급기야 이별까지 생각한 것이다.

위 사례는 심리학적 특성 하나를 잘 보여주는데, 대개 강한 자극을 경험한 뒤에는 추가로 가해지는 자극에 별다른 감흥을 느끼지 못한다. 바꿔 말해, 너무 강렬한 첫 번째 자극 때문에 두 번째 자극이 희석되는 것이다.

신입 사원 A와 B 두 명이 같은 부서에 들어왔다. A는 처음부터 적극적으로 자신을 어필하며 다른 사람의 일을 도왔다. 그러던 어느 날 그는 갑자기 적극적이던 행동을 멈추었다. B는 처음에는 약간 게으른 듯했으나, 어느 날부터 갑자기 다른 사람의 일을 도우면서 적극적으로 변했다. 과연 동료들은 두 사람 중 누구에게 더 호감이 갈까? 대부분의 사람이 B에게 마음이 갈 것이다. 동료들은 처음부터 A의 적극적이고 부지런한 모습에 익숙해졌기에 지금의 모습을 부정적으로 인식한다. 반면에 B는 처음보다 여러모로 발전했다고 생각한다. 이런 생각 덕분에 동료들의 B를 향한 호감이 두드러진다.

왜 이런 현상이 나타날까? 인간의 예민함과 관성慣性은 우리 눈을 속이고 익숙한 감정을 자극하기 때문에 그로 말미암아 이성을 흩뜨리는 경우가 많다. 말하자면 우리의 느낌을 조작하는 것이다.

실상, 부모나 친구에 대한 사랑이 이미 몸에 배어 있다 보니 너무 당연시하고 자기도 모르게 더 큰 기대를 한다. 그러나 기대에 미치지 못하면 실망하고 그들이 변했다고 느낀다. 사실 변한 것은 그들이 아니라 우리 자신의 느낌이다. 같은 맥락으로 우리가 낯선 사람의 도움을 받았을 때 쉽게 감동하는 이유는 그 상대에게 기대하는 바가 없었기 때문이다.

과연 이런 심리에서 어떻게 벗어날 수 있을까? 크게 두 가지를 생각해볼 수 있다.

첫째, 도움받을 때는 작은 것일지라도 고마워한다.

낯선 사람에게 도움받았다면 당연히 감사의 마음을 표현한다. 마찬가지다. 부모와 친구라고 다르지 않다. 친밀하다는 이유로 받은 도움에 대해 그것을 당연시해서는 안 된다. 그 누구보다 소중한 존재인 만큼 '고맙다', '사랑한다'라는 표현을 아끼지 말자.

둘째, 도움을 줄 때는 적절한 기준을 잡는다.

자신을 완전히 희생하면서까지 다른 사람에게 도움을 줄 필요는 없다. 호의가 한계에 이르러 더 이상 해줄 수 없게 되면 상대는 필시 변했다고 생각한다. 따라서 다른 사람에게 도움을 주거나 호의를 베풀 때도 적절한 기준으로 적당히 해야 한다.

그 누구도 원래부터 당신에게 잘해줘야 할 의무는 없다. 작은 호의에도 고마워하고 그 상대를 소중히 여기자. 진득한 관계가 탄탄한 행복을 불러오는 법이다.

성실한 사람이 무시당하는 이유

◆

세상은 우리에게 줄곧 성실한 사람이 될 것을 강요해왔다. 자연히 우리는 맡은 바를 열심히 하면 반드시 인정받고 성공할 것임을 믿어왔다. 그러나 실상은 믿음대로 흘러가지 않는다. 성실한 사람이 물론 동료들이나 회사 간부진에게 인정받긴 하지만 딱히 중요한 인재로서 대우받지는 못한다. 직장 내 승진이 늦어질뿐더러 연봉 또한 그대로인 경우가 많다. 왜 그럴까? 설마 회사 간부진은 사람 볼 줄 모르는 까막눈으로 부하들을 대하며 자신에게 아부하는 직원만 좋아하는 걸까?

성실함은 매우 좋은 기질이자 반드시 갖춰야 할 덕목이다. 그런데 왜 이런 기질을 가진 사람들은 주목받지 못할까? 심리학에서는 우리가 어떤 일에 몰두할 때 그 일이 세상에서 가장 중요한 것이라 느끼는 현상이 나타난다고 말한다. 같은 맥락이다. 우리에게 장점이 있거나 어떤 기질을 특별히 의식하고 있을 때, 무의식적으로 그 기질의 작용을 과장함으로써 자신이 신경 쓰는 일에 집중하느라 문제의 다른 측면을 간과한다.

성실한 사람이 공정하게 대접받지 못한다고 하는 경우 그 성실함이 잘못이라고 생각하기 일쑤지만, 문제는 성실함이 아닌 다른 곳에 있다. 그래서 그 사람의 장점인 성실함 외에도 다른 부족한 점이 있는지 꼼꼼히 살펴봐야 한다. 필사적으로 일에 몰두하는 사람은 자기표현에 서투르고 주어진 일을 하는 것에만 익숙하다. 그래서 독립적인 사고를 하는 경우가 드물고 실수를 두려워하여 위험을 감수하지 못한다. 물론 일을 열심히 하는 그 성실함이 중요하지만, 문제는 그것만으로는 인정받기에 뭔가 부족하다는 사실이다.

상황에 따라 요구되는 사항도 크게 달라진다. 직장에서 특히 요구되는 것은 경쟁성이다. 우리가 어떤 일을 잘하는 것만으로는 충분하지 않다. 다른 사람보다 더 잘하는 것이 중요하기에 경쟁 구도에서 우위를 선점해야 한다. 이러한 경쟁우위는 회사 외부뿐만 아니라 회사 내부에서도, 동료와 동료 사이에서도 존재한다.

거듭 말하지만 성실함은 중요한 기질이자 장점이다. 하지만 이것만으로 전부를 커버할 수는 없다. 요컨대 성실함이라는 장점과 더불어 다른 영역에서도 또 다른 장점들을 키워야 한다. 그런 것들이 모여 힘을 발휘할 때 좀 더 확실하게 성공의 문이 열릴 것이다.

누구에게나 선택의 어려움이 있다

◆

누구나 선택의 어려운 순간을 겪는다. 많은 이가 선택해야 할 순간과 마주했을 때 종종 주저하고 스스로 만족할 결정을 내리지 못한 채 다른 사람이 대신 선택해주기를 기대한다.

항상 자신의 선택을 다른 사람에게 넘기면서 기대다 보면 주관이 사라지고 매사에 다른 사람의 도움만 기다리는 이른바 '핑거족(검색도 하지 않고 무조건 타인에게 물어보는 사람을 일컬음)'이 될 수 있다.

과연 우리는 선택의 어려움을 어떻게 극복해야 할까? 살펴봐야 할 것은 세 가지다.

첫째, 목표가 구체적이어야 한다.

주저하는 이유는 대개 목표가 모호하고 구체적이지 않기

때문이다. 따라서 '지금 무엇을 원하는가'를 거듭 자문해본 후 선택해야 한다. 예를 들어보자. 그토록 기다리던 휴일이 코앞으로 다가왔다. 기분 전환을 위해 바다를 보러 가기로 했는데, 막상 그 많은 바닷가 중 어디로 가야 할지 선택하기가 어렵다. 이때 목표를 조금 더 구체화해보면 좋다. 동해로 갈지, 서해로 갈지, 혹은 남해로 갈지 생각해보고 풍경, 날씨, 음식, 교통 등을 고려하여 지역마다 점수를 매겨 최종 목적지를 결정한다.

둘째, 다른 사람에게 책임을 떠넘기지 않는다.

늘 다른 사람이 대신 결정해주기를 바란다. 이는 전적으로 책임을 회피하는 행동이다.

"다 네 탓이야! 그때 네가 그렇게 선택하라고 했잖아."

이런 말을 제법 들어봤을 것이다. 혹은 다른 사람에게 했을 것이다.

주관을 갖는 것은 매우 중요하다. 작은 선택부터 스스로 판단해서 선택하자. 혹여 다른 사람의 도움을 받더라도 기본적으로 자기 주관과 결과에 대한 책임을 질 마음이 있어야 한다.

셋째, 선택에 앞서 더 많은 정보를 파악한 뒤 우선순위를 매긴다.

많은 사람이 이직 문제로 어려움을 겪고 있다. 정보가 모호할수록 자신감도 점점 더 사라지게 마련이다. 따라서 무엇보다 자신이 정말 이직하고 싶은지, 이직하고 싶은 회사는 어디인지, 그 회사의 장단점은 무엇인지, 지금 회사에 계속 있을 경우 장단점은 무엇인지 파악하는 것이 좋다. 아예 새로운 분야로 이직하려면 그 분야의 전반적인 상황과 더불어 장단점 또한 파악해야 한다. 그다음, 개인 성장 및 미래 발전 가능성, 복지 등 자신이 중시하는 요소들을 순서대로 검토해본다. 이런 과정을 통해 한 선택은 자신을 굳건히 버티게 해줄 것이다.

자신이 아름답지 않다는 생각

♦

많은 이가 자기 외모를 스스로 흠집 낸다. 생각 이상으로 "지금 나 자신에게 만족하지 못한다"고 말하는 사람이 많다. 특히나 여성은 몸매에 대한 집착이 강한데, 자신의 체중과 체형을 다른 면보다 훨씬 중시하는 경향이 있다. 그러다 보니 건강을 해치는 극단적인 방법으로 다이어트를 하는 등 더 많은 시간과 노력을 들여 애쓴다.

왜 이토록 많은 사람이 자신의 외형에 불만을 드러내는 것일까? 여기에는 아주 중요한 이유 두 가지 있다.

첫째, 사회적 비교

일반적으로 우리는 외부적 기준에 기대서 자신에 관한 생각을 형성한다. 이런 기준은 실제로 아는 사람일 수도 있고, 인플루언서Influencer나 유명 배우 심지어 가상 인물일 수도 있다.

대중매체에서도 '마르고 뾰족한 얼굴이 아름답다'는 미적 기준을 어느새 전파하고 있다. 16:9 와이드 TV의 등장으로 모든 연예인은 더 날씬하고 더 뾰족하게 변해야 했다. 그래야 화면에 부해 보이지 않게 나오니까 말이다. 사람들은 자신의 몸매 혹은 외모가 SNS나 패션업계가 보여주는 이상적 이미지에 비해 턱없이 부족하다고 느낀다. 그 이상적 이미지 추구를 통해 비교의식을 강화하고 더 나아가 '기준미달'인 자기 몸을 부정한다.

이런 비교는 다음 세대로까지 이어지는데, 연구에 따르면 자신이 체형이나 외모에 불만을 가진 부모 밑에서 자란 아이들도 자기 외모에 대해 쉽게 불만을 품는다고 한다.

둘째, 여성의 성적 상품화

여성의 성적 상품화는 전형적인 가부장의 시각으로 여성을 독립 존재가 아닌, 단순히 남성의 성욕을 충족시키는 '상품'으로 여기는 것이다. 어떤 이들은, 여성의 성적 상품화는 여성 스스로가 자신의 이미지를 부정적으로 느끼게 만든다고 생각한다. 이런 분위기 때문에 여성은 자신의 재능과 업무 능력 등 다른 면에서 인정받기 어렵다고 믿는다. 그렇기에 사회적 미의 기준에 맞는 외모와 체형을 추구해야 비로소 가치 있고 인정받을 수 있다고 생각한다.

이제 자신의 외모 만족도를 높이는 방법 두 가지를 알아보자.

첫째, 거울을 활용한다.

거울 활용법은 외모에 대한 불안감을 효과적으로 줄일 수 있다. 전신 거울을 활용하여 거울에 비친 자기 자신과 마주하고 중립적이면서 비非평가적인 태도로 자신을 묘사해본다. 정확한 자기 인식이 외모의 만족도를 높이는 첫걸음이다. 누구나 자신만의 아름다움을 가지고 있다. 그런 자신을 충분히 이해한다면 생각보다 훨씬 더 아름다운 자신을 깨달을 수 있을 것이다.

둘째, 사회적으로 긍정적인 피드백을 받는다.

자기 외모에 관한 생각은 대개 타인의 평가에 크게 영향받는다. 다른 사람으로부터의 인정, 칭찬 등 긍정적인 피드백을 받으면 자기 외모의 만족도가 높아진다.

'소비욕구'가 해소되지 않는 이유

♦

갖가지 인터넷 쇼핑몰 등장 덕분에 아주 편리하게 쇼핑할 수 있게 되었다. 그에 따라 여러 문제점도 붉어지고 있는데, 대표적인 것이 소비욕구를 자제하지 못해서 필요하지도 않은 물건을 사는 충동구매다. 이러한 현상이 일어나는 심리적 요인은 무엇일까?

'쇼핑중독자'라고 해서 태어날 때부터 '소비욕구'를 갖고 태어나는 것은 아니다. 믿지 못하겠으면 물건 구매 전과 후의 당신 모습이 어떻게 다른지 돌아보라. 많은 사람이 기분이 나빠지면 무작정 무언가 충동구매를 하면서 기분을 푼다. 도대체 왜 그럴까? 부정적 감정이 생긴 후 무언가 새로운 물건을 많이 구매하다 보면 텅 빈 마음이 채워지는 듯한 기분이 들기 때문이다. 또 하나, 본아本我와 객아客我의 갈등이다. 이는 항상 다른 사람이 보고 싶어 하는 모습을 보여주려는 심리를 드러낸다. 쇼펜하우어 역시 불쾌한 일은 종종 우리의 허영심이 손상되는 것과 관련 있다고 말한 바 있다. 이는 소비행위로써 우리의 손상된 허영심을 만족시키는 것이다.

다른 사람 앞에서 자신을 드러내고자 하는 욕구는 인정받고자 하는 욕구의 반영이다. 그 욕구가 채워지지 않을 때는 기분이 나쁠 때와 마찬가지로 자신의 상한 감정을 보완할 소비행위를 하게 된다. 이것이 '쇼핑중독'의 동기이자 인정받고자 하는 핵심 원인이다.

능력을 인정받지 못하면 자존심이 상하기에 자기 능력을 드러내줄 것을 구매한다. 지식과 품위를 과시하기 위해 책을 많이 사거나 고가의 유명 서화를 사서 집에 걸어두는 사람도 있다. 권리나 자유를 잃어버린 사람은 명품 브랜드나 희귀한 제품을 주로 구매한다. 희소성이 있다는 것은 그만큼 가치가 높다는 의미이고, 가치가 높다는 것은 권리에 대한 변형된 성원이기 때문이다.

이쯤 되니까, '문제없을 정도의 가벼운 쇼핑중독인 줄 알았는데, 나의 내면세계가 이토록 복잡할 줄 몰랐네' 하는 생각이 드는가? 당신은 '쇼핑중독자'인가? 잠깐의 부정적 감정으로 자신의 상실감이나 허전함을 달래고 싶다면 소비욕구를 그냥 놔둬도 크게 상관없다. 하지만 감정을 조절하는 방법에는 그것만 있는 게 아니다. 산책하거나 영화를 보는 등의 방법도 있다. 감정을 조절하는 방법은 그게 무엇이든 모두 도구일 뿐이니, 그것으로 현실을 도피하려는 생각은 버리는 게 좋다. 습관적인 소비행위로 현실의 스트레스를 피하는 사람이 있는데, 정작 구매가 끝나면 현실은 다시 그대로다. 또다시 새로운 두려움과 상실감에 빠지고 쇼핑을 통해 위안을 찾는 악순환이 반복된다. 급기야 '쇼핑중독'의 굴레에서 헤어나지 못한다.

인생이 뜻대로 되지 않고, 능력을 인정받지 못해 자존심에 상처가 날 때 쉽게 '쇼핑중독자'의 길로 들어서곤 한다. 다음은 쇼핑중독에 걸리지 않는 두 가지 팁이다.

첫째, 스마트폰 속 쇼핑 관련 애플리케이션을 지우고, 쇼핑 욕구가 생겼을 때는 대형 쇼핑몰을 한번 둘러보고 정말 마음에 드는 것만 구매한다.

일반적으로 오프라인 매장 가격이 비싼 편이다. 계산하는 순간 그 출혈을 직접적으로 느껴야 냉정을 되찾을 수 있다.

둘째, 뜻대로 되지 않는 현실 문제를 인식하고 열심히 노력해서 더 품격 있는 삶을 살도록 스스로 격려한다.

무분별한 쇼핑 결과, 옷장에 싸구려 옷들이 가득 차 있는가? 그런 소비 패턴은 삶의 투지를 꺾을뿐더러 결국 제자리걸음만 하게 만들 것임을 명심하자.

피해자를 비난하는 이유

◆

아이들이 학교에서 괴롭힘을 당했을 때 많은 학부모가 보이는 첫 번째 반응은 아이를 보호하는 게 아니라 "왜 다른 애들은 잘 지내는데, 너만 그렇게 괴롭힘을 당하니? 네가 뭐 잘못한 거 아니니?" 하는 질문을 던지는 것이다. 성범죄가 발생했을 때도 크게 다르지 않다. 많은 사람이 가해자를 비난하기보다는 "노출 심한 옷을 입었네. 그러게 조심히 행동했어야지" 하며 피해자를 비난한다.

이런 아이러니한 상황은 비일비재하다. 왜 피해자를 비난하고 궁지로 몰아넣는 것일까?

이러한 현상을 설명하기 위해 심리학자들은 '공평한 세상의 오류'를 끄집어냈다. 사람들은 세상이 공정하고 자기 행동에 상응하는 결과를 얻는다고 생각하는데, 어떻게 보면 권

선징악勸善懲惡과 일맥상통한다. 행복한 사람은 그만큼 옳은 일을 했기 때문이고, 불행한 사람은 그만큼 잘못했기 때문이다.

따라서 사람들은 품행을 바르게 하고 본분을 지키면 행복하고 평안하게 살 수 있다고 생각한다. 반면, 함부로 행동하는 사람은 반드시 응당한 처벌을 받는다고 생각한다. 그래야 무상하고 불공평하며 통제 불가한 세상을 안심하고 살아갈 수 있다고 생각한다.

그러나 실상, 무고한 사람이 불행과 마주하면 이러한 '공평한 세상 이론'은 충격과 파괴로 이어진다. 자신의 기존 세계관을 지키기 위해서 사람들은 '피해자에게 분명 잘못이 있다'는 해석으로 자신을 설득하는데, 설령 논리적으로 문제가 있다 해도 크게 개의치 않는다. 이런 사고방식 이면에는 특히 피해자와 자신의 특성이 비슷한 경우 방어적인 사고도 깔려 있다. 예컨대 성폭력 사건이 발생했을 때 사람들은 '저 사람 나랑 나이도 비슷하고 외모랑 사회적 환경도 비슷하네. 이런 일이 나한테 일어나지 않으리라는 법은 없어'라고 생각하기 쉽다. 자신을 안심시키고 불안감에서 벗어나고자 비극을 피해자와 자신의 서로 다른 특징으로 돌리기도 한다.

'노출이 심한 옷은 되도록 피해야 해. 그래야 저런 일을 안 당하지. 앞으로 신경 써서 입고 다녀야지.'

이런 식으로 우리는 세상의 다양한 비극을 통해 잘 살아갈 자신감과 안정감을 잃지 않는 것이다. 따지고 보면 도움이 되지 않기 때문에 참으로 각박하다.

사실 불합리한 비난 속에서 자신의 안정감을 얻는다는 것은 근본적으로 말도 안 되는 일이다. 공정함은 자연스럽게 존재하는 것이 아니다. 질서가 필요하고, 질서를 유지하려는 개개인의 의식도 필요하다.

모든 사람이 피해자를 질타한다면 그나마 있는 정의도 훼손되고 우리가 사는 세상은 점점 더 불안해질 것이다. '공평한 세상'의 심리적 함정에 빠지지 않으려면, 이성적 사고와 법치 정신을 배양하고 편견이 섞인 맹목적 비난이 아닌 사실과 법률로써 판단해야 한다. 사회 전체에 이성적 판단과 정의를 수호하는 분위기가 조성되면 더 많은 비극을 막을 수 있을 것이다.

내가 뭘 하려고 했더라?

◆

뭘 가지러 방으로 들어갔다가 순간 멍해지더니 아무 생각도 나지 않는다. 친구와 재미있게 이야기를 나누고 있는데 갑자기 하려던 말이 생각 안 난다.

모두 이런 경험이 있을 것이다. 그럴 때마다 우리는 기억력이 감퇴한 탓으로 돌린다.

사실 기억력에 문제가 생긴 것은 아니다. 심리학에서는 이런 현상을 전문 용어로 '도어웨이 효과Doorway Effect'라고 한다.

우리 뇌는 처한 환경에 대한 장면의 모델을 구성하는데, 이 모델에는 모호한 환경 정보와 개인의 정보가 담겨 있다. 예컨대 '서재 안에서 책 한 권 가져와야지' 생각하다가 서재에 들어서는 순간, 즉 새로운 환경에 들어서는 순간 뇌는 낡은 상황을 지우고 새로운 상황에 접속한다. 우리 뇌는 항상 많은 양의 정보를 처리해야 하므로 정상적인 작동을 위해 새로운 환경의 정보를 먼저 기억한다. 이와 동시에 과거 환경의 정보는 더 이상 쓸모가 없다고 판단하여 일시적으로 지운다. 살면서 우리는 여러 일을 동시에 처리하는 경우가 많은데, 이때 도어웨이 효과가 더욱 뚜렷하게 나타난다.

호주 본드대학교의 심리학 연구팀은 실험 참가자 74명에게 가상 현실을 이용하여 3D 방 안으로 이동해달라 하고, 이전 방에 있던 물체를 생각해달라고 하는 실험을 진행했다. 참가자들은 상자를 들고 실험 중에 서로 다른 물건을 넣거나 꺼낸 다음 방들을 이동해야 했고, 문을 통과하여 다른 방으로 이동하거나 같은 방을 돌아다녔다. 그들은 다니면서 수시로 넣거나 꺼냈던 물건에 대해서도 답해야 했다. 실험 결과, 참가자들이 문을 통과한 후 기억력에 영향을 받은 것으로 나타났는데, 문을 하나 통과할 때마다 반응이 점점 느려지고 오류도 증가했다.

이런 현상이 일어나는 주된 원인은 바로 장면의 변화 때문이다. 문으로 들어가는 것은 장면이 변화되는 하나의 표시일 뿐이다. 집에 가서 문을 활짝 열려고 했던 사람들은 잠깐 멈춰도 좋다. 문을 열어도 변화된 장면은 다시 바뀌지 않기 때문이다.

기억이 잠깐 끊겼을 때 걱정하지 않아도 된다. 요즘 같은 빅데이터 시대에 스트레스를 받는 일상에서는 지극히 정상적인 현상이다. 물론 우리에게는 대처 가능한 대책이 있다. 뇌에서 임시 정보로 취급하지 않았으면 하는 중요한 사건은 종이나 스마트폰에 메모하여 물리적 기록으로 남겨둔다. 문을 통과할 때 잊어버릴까 봐 걱정된다면 관련 물건을 손에 들고 보면서 이동하자. 그러면 필요한 정보를 떠올리는 데 도움 될 것이다. 가끔 이런 현상이 발생하면 일부러 자주 방을 드나들며 기억력을 키우는 사람도 있긴 하다.

살 좀 찌면 어때?

◆

"아휴, 망했어! 또 살쪘어!"

이는 우리 주변에서 쉽게 들을 수 있는 말이다. 사실 여성 대부분의 다리나 팔이 대나무 장대처럼 가늘어지고 있지만, 이상하게도 항상 스스로 뚱뚱하다고 생각한다. 일 말고도 우리가 매일 가장 관심을 쏟는 것은 바로 다이어트다. 몸무게가 0.1킬로그램만 늘어도 상실과 절망적인 감정에 휩싸여 잠도 제대로 자지 못하니, 일이나 공부는 따로 언급할 필요도 없다.

이런 사람들은 자신이 뚱뚱하고 못생겼다고 생각하면서 외모에 굉장히 예민하게 반응한다. 그러나 실제로 이들은 뚱뚱하지도 못생기지도 않았다.

많은 사람이 자기 외모나 몸매에 대한 막연한 불안감에 시달린다. 예컨대 살이 좀 쪘다는 말에 과도하게 식단 조절을 하고 매일 몸무게를 재면서 살이 찌지 않았는지 수시로 확인한다. 이러한 행위는 완벽하지 못하다고 여기는 부분을 스스로 개선하려는 심리이자 불완전한 부분을 외면하려는 행위이다. 심한 경우 거울을 보려 하지 않고 외출을 꺼리기도 한다.

건강하지 않은 이런 심리상태를 초래하는 것은 완벽한 겉모습 자체가 아니라 지극히 낮은 자존감과 이 때문에 발생하는 부정적인 감정 때문이다. 많은 이가 이를 수치스럽게 여기고 자신이 완벽하지 못한 게 잘못이라고 못 박는다. 이 때문에 자신을 미워하고 실제 생활을 거부하기도 한다.

오늘날 사람들은 항상 외모의 중요성을 강조한다. 연애, 면접, 직장을 막론하고 외모가 모든 것을 결정할 수 있다고 말하는 사람도 있다. 이 때문에 많은 이가 자기 외모에 대해 조바심을 내고 불안해한다. 하지만 일반적으로 이런 불안감은 단기적이어서 저절로 사라지거나 다른 사건이 발생하면 옮겨갈 수도 있다.

물론 이런 불안감에 오랫동안 시달리는 사람들도 있으니, 그들은 일상생활이나 직장에 미치는 영향이 더 오래 지속된다. 설령 불안감이 단계적으로 개선되었다 하더라도 그들은 더 가혹한 기준으로 자신을 재단하고 더 높은 요구를 함으로써 새로운 침체기로 접어들 것이다. 이런 상황이라면 전문적인 상담이 꼭 필요하다.

사실 외모가 중요하긴 하지만 한 사람의 전부를 그 안에 담기란 부족하다. 외모는 시작일 뿐 과정과 결과는 자신이 충분히 통제할 수 있다. 개인의 능력 부족과 성격 결함을 뚱뚱하고 못생긴 자기 외모 탓으로 돌려선 안 된다. 실패의 진짜 원인은 외모가 아닌 다른 데 있다.

'가짜 프로모션'에 쉽게 속는 이유

◆

K는 화장품 가게에 갔다가 마음에 드는 자외선 차단제를 발견했다. 마침 1+1 프로모션 진행 중이기에 그녀는 기쁜 마음으로 구매했다. 하지만 그녀는 얼마 지나지 않아 실상을 알고 분통을 터뜨렸다. 인터넷 가격을 확인했는데, 매장 매니저가 상품의 원가를 두 배 가까이 올린 뒤 'Buy One Get One Free' 이벤트로 둔갑시킨 것이다. 실제 가격은 원래 가격보다 낮지 않았다. 결국 그녀는 허위로 부풀려진 가격 교란으로 상품 가치를 판단하는 능력을 잃어버렸고 판매자의 상술에 걸려든 것이었다.

이런 프로모션에 우리는 왜 계속 말려드는 것일까? 대체 어떤 심리가 작용하는 것일까?

두 명의 심리학자가 이와 관련한 실험을 진행했다. 실험 참가자들을 두 조로 나눈 후 각각 따로 질문을 던졌다. 첫 번째 질문은 '간디가 9세 전에 죽었나요? 아니면 그 후에 죽었나요?'였고 두 번째 질문은 '간디가 140세 전에 죽었나요? 아니면 그 후에 죽었나요?'였다. 여기서 다른 점은 그들이 첫 번째 조에 첫 번째 질문을 먼저 했고 두 번째 조에 두 번째 질문을 한 다음 간디가 얼마나 살았는지 추측해보도록 했다. 그 결과 첫 번째 질문을 받은 조는 평균 50세, 두 번째 질문을 받은 조는 평균 67세라고 대답했다.

이 실험은 사람들이 어떤 사람 혹은 사건을 판단할 때 첫 번째 이미지나 첫 번째 정보에 굉장히 민감하게 영향을 받는다는 것을 보여준다. 이전의 경험과 타인의 제안은 바다 밑바닥에 가라앉은 닻처럼 사람들의 생각을 고정한다. 그렇게 숫자를 계산하거나 가치를 판단할 때 쉽게 영향을 미치는데, 심리학에서는 이를 '앵커링 효과Anchoring Effect'라고 한다.

이것은 특히 숫자에서 명확하게 나타난다. 사회보장 카드와 초콜릿 가격에는 관계가 있을까? 미국 매사추세츠 공과대학 교수가 두 숫자 사이의 연관성을 발견했다. 그는 먼저 학생들에게 자신의 사회보장 카드 번호의 마지막 두 자리를 적게 한 다음 초콜릿 가격을 추측해보도록 했다. 사회보장 카드 번호의 마지막 두 자릿수가 큰 학생들은 초콜릿 가격을 더 높게 산정했고, 그렇지 않은 경우의 학생은 낮게 산정했다. 결국 두 조의 예상 가격 격차는 60~120%까지 벌어졌다.

이처럼 신기한 심리학 현상은 사업가들이 많이 활용한다. 앞서 언급한 두 배 이상의 높은 가격을 책정해놓고 할인하는 방법 외에 구매 제한도 자주 사용되는 방법이다. 미국의 슈퍼마켓에서 진행된 실험이 있다. 통조림 선반에 '1인당 12캔 구매 제한'이라는 안내문을 붙였는데, 소비자는 이 정보의 영향을 받아 1인당 평균 7캔을 구매했다. 그 결과 통조림 판매량이 평소보다 두 배 가까이 상승했다.

이런 사실을 알았으니, 이벤트 상품 앞에서는 자세히 따져보고 판매자가 쳐놓은 꼼수에 영향을 받지 않길 바란다. 항상 깨어서 이성적으로 생각하면 정확한 판단을 내리는 데 도움 된다.

아직도 당신이 신이라고 생각한다면

◆

우리는 종종 "이것이 최선이다. 어떻게든 잘될 거야" 하고 자신을 위로한다. 그러나 곰곰이 생각해보자. 정말 이렇게 말한 대로 이루어질까? 아마 그렇진 않을 것이다.

실제로 우리는 '신'의 역할을 쉽게 놓지 못한 채 자기 스스로 신이라고 생각한다. TV 드라마 속 주인공의 애환을 보는 것처럼 우리 IQ가 극 중 인물들을 짓누르고 있는 느낌을 받는다.

'이런 단순한 도리도 모르다니, 너무 미련하네!'

이런 생각이야말로 신의 시각이다.

신의 시각에서는 '구원, 심판, 변화'라는 세 단어가 가장 잘 드러난다. 그러나 우리가 반드시 해야 하는 일은 아니다.

첫째, 신은 다른 사람을 구원하길 바란다.

누구에게나 '영웅심리'는 있기에 다른 사람에게 가장 큰 가치를 발휘하고 '구원자'의 역할을 하고 싶어 한다. 그러나 '구원'의 전제는 무엇인가? 구원의 대상과 내용이다. 눈앞의 모든 사람에게 도움이 분명 필요해 보이고 심지어 더 큰 문제로 확대될 것 같은 단점이 보이는가? 이때 당신의 도움이 자기 우월감을 충족시키기 위한 수단이 아닐까 하는 합리적 의심을 해봐야 한다.

신이 되는 걸 멈추는 것은 단순히 경험을 공유하고 다른 사람을 돕는 법을 배우는 거다. 모든 일은 '자원自愿함'을 중시하기에 다른 사람에게 우리 의견을 받아들이도록 강요할 수 없다. 우리는 결코 억지로 상대방을 변화시킬 수도, 그러기를 요구할 수도 없다. 우리가 할 수 있는 일은 의견이 받아들여졌을 때 그의 변화에 기뻐하는 것이고, 받아들여지지 않았을 때는 그것에 대해 크게 신경 쓰지 않도록 하는 거다.

둘째, 신은 다른 사람을 심판한다.

상대방이 남편이나 자녀라고 해도 우리에게는 비판하고 심판할 권리가 없다. 우리가 다른 사람을 비난하고 싶을 때는 자신에게 같은 일이나 실수가 있었는지 생각해보는 것이 좋다. 어쩌면 자신이 직접 경험해봤기 때문에 상대방의 실수를 알아차렸을지도 모른다.

이때 우리에게는 분별력만 있으면 된다. 우리가 옳고 그름을 분별할 능력은 있지만, 잘못한 사람을 비난하거나 질책할 수는 없다.

예컨대 부모 참여 수업에 가기로 했는데, 아이가 꾸물거리는 바람에 지각하고 말았다. 집으로 돌아오는 길에 부모가 다짜고짜 아이를 다그쳤다. 이렇게 무자비한 비판을 받고 나면 부모와 자녀 사이의 골을 더욱 깊어지고 아이의 반항심은 커질 수 있다. 이런 상황에서는 아이 옆에 앉아서 차분히 물어보는 것이 좋다.

"오늘 지각한 것에 대해 어떻게 생각해? 네 기분은 괜찮아? 아니면 마음이 괴로워? 앞으로 이런 일이 발생하면 우리가 어떻게 해결하면 좋을까? 되도록 이런 일이 생기지 않도록 같이 주의해보자."

부모의 이런 반응은 아이가 자신을 향상하고 평소처럼 생활할 수 있도록 도와준다. 이는 바로 '비판'으로 도달할 수 없는, 어떤 사건이 발생한 후 부정적인 감정이 전혀 없는 상태이다.

셋째, 신은 주변 사람이 자기 원하는 대로 하길 원한다.

우리는 각각 다른 존재기에 일을 처리하는 면에서 다를 수

밖에 없다. 속전속결을 좋아하는 사람도 있지만 천천히 여유를 즐기며 하는 사람도 있다. 그렇기에 다른 사람에게 변화를 요구하는 것은 결코 좋은 행동이 아니다.

때로는 남들이 알아서 할 수 있도록 손을 떼는 것도 필요하다. 우리는 자신의 행위에 대한 책임을 져야 하고 누구도 그 과정에 참견할 필요가 없다. 더군다나 계획이 변화를 따라가지 못하기 때문에 그저 흘러가는 대로 놔둬야 한다.

자신의 역할에 대해 "No"라 말하고, 자신의 본분을 성실하게 해내고, 평범한 사람으로서 역할을 해내고, 변화시킬 수 없는 일은 자연스럽게 놔두는 것이 최선책이다. 그렇게 할 때 우리 인생은 더욱 다채로워지고 다른 사람과도 훨씬 더 잘 어울릴 수 있을 것이다.

휴대전화 의존증이란

◆

휴대전화 남용, 휴대전화 환청, 휴대전화 의존증 같은 새로운 단어들이 심심찮게 눈에 띄기 시작했다. 휴대전화라는 것의 존재로 우리는 사람들과 같은 공간에 있어도 제대로 지내지 못하게 됐다.

심리학적으로 볼 때 휴대전화는 우리 삶의 방식뿐만 아니라 우리 자체를 바꿔놓는 강력한 힘을 지니고 있다. 잦은 휴대전화 사용은 개인의 내재적 상태를 반영하는데, 우리가 휴대전화 화면을 무의식적으로 계속 만지고 넘기는 이유는 우리의 착각 때문이다.

착각 1: 자신이 관심을 두는 곳에 에너지를 쏟아부을 수 있다고 생각한다.

수업이나 회의가 지루해지면 쓸데없는 생각을 어디론가 분산시키기 위해 고개를 숙인 채 휴대전화를 만지작거린다. 하지만 우리가 고개를 숙이고 휴대전화를 만질 때마다 다른 사람과의 관계는 물론 자신과의 관계에도 악영향을 미친다. 휴대전화는 자신을 인식하고 반성하는 능력을 떨어뜨리기 때문이다. 누구나 자신이 가고 싶은 곳에 머물고 싶어 한다. 우리는 늘 자기 삶을 정형화하여 서로 다른 장소나 시점마다 변화를 추구한다. 항상 자신의 에너지를 통제하고 배정하고 싶어 하기에 자신이 관심을 가진 곳이라면 언제든지, 무엇이든지 분배할 수 있다고 생각한다. 하지만 실제로 우리에게는 그렇게 할 여력이 별로 없다.

착각 2: 직접적인 커뮤니케이션을 피할 수 있다.

직접적인 커뮤니케이션은 실시간으로 이루어지는데, 우리는 자신이 어떻게 무엇을 표현해야 할지에 대해 어려움을 느낀다. 하지만 메시지 보내기, 사진 보내기, 이모티콘 보내기 등의 행위는 편집을 통해 우리가 바라는 모습을 보여줄 수 있다. 자기 얼굴이나 전체적인 이미지까지 수정하여 다른 사람이 보기에 알맞은 수준으로 만들어낼 수 있다. 사실상 이것은 자기기만이다.

착각 3: 누군가가 귀 기울이고 있다고 생각한다.

"시리Siri(애플의 음성인식 서비스)와 대화하는 게 더 좋을 때가 있어. 시리는 항상 내 말에 귀 기울여주고 관심을 가져주잖아."

이렇게 말하는 사람이 간혹 있다. 사실 이는 이른바 영혼과 감정 없이도 관심을 받으며 함께 있다는 착각을 경험하는 것이다. 우리는 기술을 통해 다른 사람과 연락을 유지하고 있다는 느낌을 받는다. 하지만 가슴에 손을 얹고 생각해보자. 이런 의사소통 방식이 정말 편안한가? 스스로 정말 잘 통제할 수 있을까?

착각 4: 혼자 있을 필요가 없다.

고개를 푹 숙이고 인스타그램을 구경할 때마다 혼자가 아니라는 착각을 일으킨다. 이런 착각이야말로 우리가 휴대전화에 의존하는 결정적인 이유다. 혼자 있을 때는 몇 초만 지나도 안절부절못하다가 이내 휴대전화로 눈을 돌린다. 그러나 이것은 홀로 있는 능력을 상실하게 만들어 결국 자신을 고립시킨다. 홀로 있는 능력이 부족할 때, 다른 사람에게 연락하는 이유는 단지 자신의 불안감을 줄이거나 자신의 존재감을 확인하기 위한 것이다. 이는 자신의 불안감을 해결하는 것이지, 다른 사람과의 교제가 필요해서가 아니다. 혼자 있을 수 없으면 더 외로움을 느낀다.

혼자 지내는 데 가장 좋은 방법은 역시 책을 많이 읽는 것이다. 아무튼 휴대전화의 의존도를 줄이고 자신과 주변 사람들에게 관심을 돌려야 한다. 그러면 당신의 인생이라는 작은 배는 잔망스러운 파도에 절대 휩쓸리지 않을 것이다.

어떻게 해서든 먹고 싶은 마음

◆

많은 이가 시도 때도 없이 다이어트를 생각하지만 운동할 엄두가 나지 않아서 결국 끼니를 거르는 방법을 택한다. '굶기'는 어느 정도의 다이어트 효과를 얻을 수 있지만, 신체건강상으로도 정신건강상으로도 썩 좋은 방법이 아니다. 명절, 생일, 각종 기념일이 되면 맛있는 음식이 가득할 텐데, 그 장면을 보고도 참아야 한다면 인생이 너무 고달프지 않을까?

실상, 많은 여성이 다이어트를 하다가 한순간 폭식을 한다. 며칠 동안 다이어트를 하다 보면 어느 순간 결심이 무너진다. 점점 음식에 대한 욕구가 걷잡을 수 없이 커지고, 이내 그동안 억눌렀던 식탐을 미친 듯이 부린다. 한 끼를 '순삭'하고는 포만감이 꽉 차면, 그제야 자책감이 슬그머니 고개를 내민다. 그다음, 또다시 극단적인 다이어트로 자신을 못살게

굶기 시작한다. 이렇게 악순환이 계속되면 몸과 마음만 피곤해질 뿐 정작 몸무게에는 아무런 변화가 없다.

폭식과 과식을 멀리하고 싶다면 먼저 '죽도록 먹고 싶다'는 심리의 근본적 원인을 알아야 한다. 핵심 원인은 과도한 다이어트로 말미암은 식생활 패턴 붕괴와 억눌린 식욕이다. 우리 몸은 일정 기간 굶주리면 자기보호 기능을 가동하는데, 되도록 많은 양의 음식을 섭취하게 해서 충분한 에너지를 얻고 생명을 유지할 수 있게 한다.

그 밖에도 폭식이나 과식을 조장하는 심리적 원인도 있다. '날씬해야 아름답다'는 사회적 통념으로 말미암아 날씬하지 않은 많은 이가 엄청난 불안감과 수치감을 품은 채 살고 있다. 심지어 다이어트를 하면서도 말이다.

원래 음식은 안정과 행복을 가져다주는 공급원이다. 그렇기에 폭식이나 과식은 우리의 치욕과 상처, 외로움, 무기력함에서 잠시 벗어날 심리적 방어행위라고 볼 수 있다.

또한 일이나 공부에 대한 스트레스도 폭식, 과식의 한 원인이다. 우리 뇌는 생각하느라 정신이 없을 때 유혹에 쉽게 굴복한다. 우리의 에너지는 한정되어 있는데, 강도 높은 일과 공부에 에너지가 사용될 때 자신의 왕성한 식욕과 싸울 여력이란 없게 된다. 힘든 일을 하는 사람이 오히려 살이 잘

찌는 이유가 여기에 있다.

폭식과 과식의 원인을 알았으니, 이제 그것을 피하면 된다.

폭식과 과식의 가장 큰 원인이 다이어트 중의 음식량 때문이라면, 우선 음식량을 조절하는 것부터 시작해보자. 우리는 기계가 아니다. 아무리 노력해도 식욕을 없애는 것은 불가능하다. 인터넷에서 유행하는 극한의 다이어트 성공 사례를 롤모델로 삼지 말자. 사람마다 처한 환경은 다르기에 자신에게 맞는 방법을 찾아야 한다. 섣불리 다른 사람의 성공 사례를 따라 했다가는 오히려 몸의 질서가 깨져 건강을 해칠 수도 있다.

폭식이나 과식을 하는 사람은 먹는 것 외에 자신을 행복하게 하는 방법을 모르는 경우가 많다. 당신이 그렇다면 상대적으로 가벼운 취미를 찾아서 관심을 돌리는 것이 좋다. 쇼핑할 때 살을 빼고 나면 어떻게 꾸밀지 생각해보거나 게임을 하면서 긴장을 풀고 친구들과 함께 운동하는 것도 좋은 방법 중 하나다.

계획한 몸매가 잘 안 만들어질 때는 먼저 마음을 다스리거나 다른 방법을 궁리하여 자신의 욕구와 타협해보자. 그러면 결국 원하는 걸 이룰 수 있을 것이다.

홀로서기 연습

1판 1쇄 인쇄 2021년 11월 24일
1판 1쇄 발행 2021년 12월 1일

지은이 | 레몬심리
옮긴이 | 박영란
펴낸이 | 최윤하
펴낸곳 | 정민미디어
주 소 | (151-834) 서울시 관악구 행운동 1666-45, F
전 화 | 02-888-0991
팩 스 | 02-871-0995
이메일 | pceo@daum.net
홈페이지 | www.hyuneum.com
편 집 | 미토스
표지디자인 | 김윤남
본문디자인 | 디자인 [연;우]

ISBN 979-11-91669-10-7 (03320)